魔女が教える
幸せ魔法

ヘイズ中村

説話社

目次

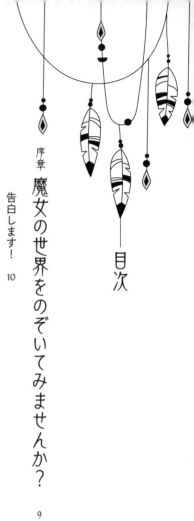

第1章 魔女と魔法、ホントの話 41

第2章　幸せ魔法、はじめの一歩

第3章　恋をかなえる魔法　115

第4章 美と癒しの魔法　167

第5章 お金と開運の魔法　197

第8章 カヴンの結成と運営について 271

COLUMN

コラム

序章

魔女の世界をのぞいてみませんか？

告白します！

私、じつは〝魔女〟なんです。

「え、マジ？」

「いきなりそういわれても、ねえ……」

「おばさん、大丈夫？」

そんな声が聞こえてきそうです。

でも、魔女は実在します。彼女や彼たち――そう、男性の魔女もいるのです！　英語の「Witch（魔女）」は本来、性別とは関係のない単語ですから――は、スーツを着てオフィス街を闊歩《かっぽ》しているかもしれませんし、ジーンズ姿でコンピューターソフトをプログラムしているかもしれません。あるいは、大自然の中で自給自足という、いかにも「それらしい」生活をしていることも……。また、祖先からの伝統を引き継ぎ、生まれた土地でシャーマンや賢者《ワイズ・ウーマン》としての役割を果たしている魔女たちも、たくさんいます。

そして、そんな魔女たちが駆使する技術は、「魔女術（Witchcraft）」と総称されます。魔女たちは世界中にいて、国も文化も環境もそれぞれに異なり、各人がとても個性的ですが、大きくまとめると、次の3つの共通点があります。

❶自然の流れに沿って生きる。
❷母なる大地とその自然を敬い、大切にする。
❸目に見えない世界のパワーを信じている。

なあんだ、思っていたほど不気味じゃないのね、と拍子抜けしましたか？

でも、これって、最近おなじみの「スピリチュアル」や、もう少し古いところでは「ニューエイジ」とどう違うの？　と首をかしげる人もいることでしょう。

たしかに、スピリチュアルやニューエイジの分野で話題になるパワーストーンやアロマセラピーなどは、魔女術でも使われます。ただし、魔女術はキリスト教が成立する以前、つまり紀元前からあるのに比べて、スピリチュアルやニューエイジは、少なくとも日本では、せいぜいここ数十年の流れ。魔女術のほうが、はるかに古いのです。

そして、魔女がニューエイジ的に、あるいはスピリチュアルに生きている人たちといちばん違うのは、「ポジティブ・シンキングに頼らない」ということでしょう。

もちろん、自分の内側に存在する力と可能性を信じて、明るく生きていくのはよいことです。いや、意味もなくネクラになり、世間を恨んで「どうせ私なんて……」と、ひがみつつ生きるよりは、何百倍もすばらしいことです。

でも、人類の長い歴史とともに歩んできた魔女たちは知っています。人はポジティブに生活するだけでは成功できない、という苦い事実を。

では、魔女たちが頼るものは？

それは……「努力」です。努力したって、なんにもならないと思いますか？　いいえ、正しい方向とタイミングで努力を重ねるとき、そこには本当の魔法が生まれます。そう、真面目に努力を重ねる人が損をしない生き方。それが魔女術でもあるのです。

これで少し、私が魔女だという告白の笑激度が薄まったかしら？　次は、どうして私が魔女になったのか、魔女になってどう生きてきたのかを、少しお話しさせてください。

神秘世界への憧れ

子供のころから不思議な能力に恵まれていた私に、ある日、魔法学校から不思議な招待状が届いたのです……。私が魔女になったいきさつをそんなふうに書き始められたら、どんなに素敵でしょう！　でも、現実は常に物語よりも退屈かつ複雑なもの。ということで、しばらくは地味な思い出話におつきあいください。

私は、ごく普通の家庭に生まれて育った平凡な女の子でした。他の子供たちと違っていたのは、ただ1点。1年の大半を病院で過ごすような虚弱な子供だったことでしょう。

それでも、理解ある家族と医療関係者に恵まれ、さして自分を不幸だとも思わず、好きな読書に没頭していましたが、四方を病院の白い壁に囲まれた生活への反動からか、いつしか物質的な限界に阻《はば》まれない「神秘世界」に魅了されるように……。ティーンエイジャーになり、少しは体力がついてきたころには、すっかり西洋魔術の虜《とりこ》になっていました。

しかし、当時は……などといいだすと年齢がばれてしまいますが、インターネットもなく、情報源はかぎられた翻訳書、友達がアメリカから送ってくれたタロットカード、辞書と首っ引きでノロノロと読み進める英語の原書のみ。そんな状態に、ティーンエイジャー特有のおバカな行動力が合体していた時期は、何度かとんでもないことをしでかしました。

たとえば、天使を召喚しようと呪文を大声で唱えたら、「若い女性の悲鳴が聞こえる」と警察に通報されたり、不思議大好き仲間と一緒に倉庫にこもり、短パンとキャミソール姿で悪魔喚起に挑んだら、窓に痴漢が張りついてのぞいていたり……。このふたつの事件の後は、さすがに懲《こ》りて、真剣な魔術の勉強は、ひとり静かに行うことにしました。

やがて月日は流れ……私も仕事に就き、友達と踊りに行ったり、誘われてデートをしたりもするような年齢になりました。そのころには、国内の魔術団体などの情報もちらほらと耳に入るようになり、魔女の修行をしている友人もできました。

しかし、当時の日本魔術界――そんなものがあったとすればですが――では、「天使や精霊の召喚などをする儀式魔術と、自然な生活を重視する魔女術とは、まったく違うもの。どちらを学ぶか最初に決めねばならない」というのが、大前提だったのです。どちらも一生懸命、勉強していたのというのに！

まさに独学の落とし穴。となると日本には、私が学べる魔術団体などないのかも……と落ち込んだのは、ほんの数日。日本がダメなら世界があるさ、と思って手に取った新しい書籍、のちに私が『やさしい魔女』というタイトルで翻訳させてもらったその本には、儀式魔術と魔女術をわけへだてなく学ぶグループの連絡先が掲載されていました。

それまで、いっさい問い合わせの手紙など書いたことがなかった怖がりの私でしたが、なぜかそこには手紙を出しました。驚いたことに、著者のマリアン・グリーン女史からすぐに返事が届き、さらに2週間ほどたったとき、今ではもう存在しないアジアの小国から、私の運命を大きく変えるエアメールが届いたのです。

魔女ディアドラとの出会い

上品なローズ色の便せんには、イギリスの本部から私の手紙が転送されてきたこと、この手紙を書いているイギリス人の魔女ディアドラが、日本にいちばん近い支部を運営していること、そしてこれからは疑問や困ったことを彼女に手紙で質問してよい、という丁寧な文章が書かれていました。

私は呆然と突っ立ったままで、その英文を何回も何回も繰り返し読んで……我に返った瞬間、机に駆け寄り、壊れそうな勢いでタイプライターを叩いて（そう、タイプライターだったんです。パソコンなんて高嶺の花だったの！）返事を書き始めました。このときから、私の人生は「魔女」へと大きくハンドルを切ったのです。

それから1年ほど、ディアドラとの文通が続いたでしょうか。新しい情報や指導を得て充実した日々を過ごす一方で、子供のころからの病気がぶり返してしまい、仕事を辞めねばならなくなりました。

するとディアドラが、「じゃあ、医師の許可が下りたら、次の仕事が決まるまでこっちに来れば？」と誘ってくれたのです！　禍《わざわい》を転じて福となす、とはまさにこのこと。私はチャリンコに飛び乗り、一目散に主治医のもとへ走りました。もっとも、病気だったから、はた目にはヨタヨタに見えたでしょうけれど。

「先生！　しばらく海外にホームステイしたいんです！　何とかしてください！」

療養中だというのにそう大騒ぎする私は、さぞや困った患者だったことでしょう。

「そんな……この体調じゃ無理だよ……。いったい全体、何のために？」

困惑顔の医師に、私は迷わずこう答えました。

「魔術の勉強に行きます！」

普通なら、この回答でとんでもない大騒動が起きるはずですが、医師はさらりと、

「そうか。そんなチャンスはめったにないな。じゃあ、いちばん強い薬を処方してあげる

から、気をつけて行ってきなさい」

と、答えてくれました。じつは私は、職場以外では自分の学習を隠していませんでした。薄気味が悪いといわれたことも多々ありますが、応援してくれる人も案外、多かったのですね。そういう人たちに助けられて、私は何とかディアドラの住む国へと向かう飛行機に乗り込んだのです。

本物の魔女との暮らし

空港では、ディアドラが出迎えてくれました。それまで写真の交換はしていましたが、初めて生身で間近に見る「本物の魔女」です。白髪ではなく銀髪のストレート・ロング。光の加減によって、ときどき紫色にも見える深く青い瞳。先祖代々ずっと魔女の家系に生まれたというディアドラの圧倒的な存在感と温かな笑顔に、私は型どおりの挨拶をするのがやっとでした。飛行機は疲れなかった？　気分はどう？　と尋ねられても、本当にしどろもどろにしか答えられません。

「どうしたの？　やっぱり長旅は無理だったかしら？」

心配そうに尋ねるディアドラに、上がりまくった私は、

「い、いえ大丈夫です。でもなんだか、ミック・ジャガーにでも会ったみたいで……」

などと、さらにトンチンカンな回答をしてしまいました。すると、ディアドラはカラカラと笑って、

「ミックねぇ。私もストーンズはデビュー前にはけっこう見に行ったりしたし、かっこいいバンドだと思ったものだけど、今はみんなオジイチャンじゃない？　あ、私もそれだけ年を取ったってことね！」

と答えるではありませんか。この言葉で、堂々とした魔女の姿の後ろに、ロック好きな少女の姿が垣間《かいま》見えて、やっと普通に話ができるようになったのです。

その日から、ディアドラの家に居候《いそうろう》して私の魔女修行が始まりました。とはいっても「授業1日目・魔法の杖《ワンド》の使い方」などといったカリキュラムがあるわけではありません。実際、彼女は何も教えてはくれませんでした。ただ「魔女としての生き方」を24時間、すべて見せてくれたのです。

朝の始まりは、その日の気候や体調に合わせてハーブティーをブレンドすることから。外出の準備をするときはシャワーのほか、肌や髪のコンディションに合った、自作のハーブオイルを使います。掃除や洗濯のときは、もちろん普通の汚れも落とすのですが、ハー

ブやパワーストーンを使って、オーラの汚れもきれいに落としていきます。

食事は、果物と生野菜を味つけなしでいただくという、かなり過激なベジタリアン食でした。私も最初はそれにならいましたが、4日目に体調を崩したため、それ以降はベジタリアン食をほどよく取り入れた路線に変更。ディアドラのパートナーで、薬膳などに詳しいトニーが腕をふるった料理をいただくこともありました。

そして就寝前には、ヨーガのような軽いストレッチとリラックスのための瞑想をします。これに加えてディアドラは、その日にあった嫌なことを捨て去り、嬉しいことを内面に取り込むための魔法を実践していました。

こうした魔女の日課を何ひとつ隠さず、私の目の前ですらすらとこなす彼女。ときどき「一緒にやってみる?」と誘っては、ぎこちない私の動きを見守りながらも、手を出そうとはしませんでした。

これで何か学んでいるのかな? と不安になったりもしましたが、百聞は一見にしかずのことわざどおり、何冊もの本を読んでもわからなかった疑問は、日々、春の雪のように溶け去っていき、私も徐々にひとりで一連の作業が行えるようになっていったのです。

イニシエーション

そんなふうに、ディアドラと過ごす日々が過ぎていき、ある日……。

「そろそろ、あなたのイニシエーション（魔女になるための儀式）を考えなきゃね」

と、ディアドラがいい出しました。

「明日は洗濯しなきゃね」というような気軽な口調で。

イニシエーション‼ それは、魔女として一生を過ごす証《あかし》のようなもの。でも、私はそれにふさわしい能力があるのでしょうか？ 緊張と不安で、のちのディアドラの表現を借りれば「地球と火星と土星が衝突したような」堅苦しい表情で押し黙った私に、「今夜、グループのメンバーと会いましょうね」とだけ告げて、彼女は部屋を出て行きました。

その晩、ディアドラに引き合わされたグループのメンバーとの時間は、長い年月がたった今でも忘れることができません。全員がヨーロッパ系の落ち着いた壮年男女で、そのアジアの国には、何らかの仕事で赴任していた人たちでした。

儀式魔術師、魔女、その他の精神世界の修行者たちが集う、友好的な応接間《サロン》……そこで私は、優しいながらも厳格な質問攻めにあったのです。

どうして魔術を志したの？　どんな勉強をしてきた？　今の悩みは？　これからどんなことを学びたい？　日本に帰ってからどう生きていくつもり？

えんえんと続く質問の嵐の下で、私は不思議にリラックスし始めていました。彼らの質問は決して詰問ではなく、あくまでも私自身の心を整理するための手助けなのがよくわかったからでしょう。ひとつの質問に答えるたびに、迷いが消えて気持ちがクリアになっていく……それは鮮烈な感覚でした。

そして、私が恐れていた質問が最後にやってきました。

「君は、ここしばらくディアドラと交流していたし、今は彼女に憧れているのもよくわかるよ。でも本当はどうしたい？　魔女としてイニシエーションを受けたいのかい？　それとも儀式魔術師になりたい？」

ああ、ここまで来て、この回答で追い返されるかもしれない、こんなによくしてくれているディアドラ夫妻を裏切ることになるのかもしれない、でも……。

「両方になりたいです」

と答えた後、私は唇をかみしめて彼らの反応を待ちました。そして得た回答は、

「So be it!（では、そうなりますように！）」

そして、愕然《がくぜん》としている私にはおかまいなく、いきなり徹底的な占いセッションが始まりました。占星術、タロットカード、数秘術、手相、人相、骨相などなど、メンバー全員がそれぞれいちばん得意な技法で、私という志願者を分析していくのです。そして、議論が重ねられていきました。

やがて彼らから、私はこれからひとりで日本に戻って活動していかねばならない、ということは、霊的つながりが早くできそうな道から歩み始めたほうが将来的に楽なはずだと思う、という意見が出ました。そして、私のホロスコープ（西洋占星術で用いる出生時の

天体配置図）には、そのグループにいる魔女たちとの類似点が多いので、魔女から始めるべきだろう、という提案がされました。

そして、もうひとつ……魔女名をふたつにしたら？　ともいわれたのです。魔女や魔術師としてイニシエーションを受けると、魔法界専用の新しい名前を名のるのが一般的です。彼らは私に、魔女と魔術師の双方で使えるような2連の名前を使えばいい、といってくれました。その名前を明かすことはできませんが、たしかに私の魔女名は、魔女としては風変わりなものになっています。

そうした議論や提案もやがて収まり、ディアドラがおごそかに、

「魔法円を描きましょう」

と全員に告げ、私が魔女になるための儀式が始まったのです。

ここでその儀式の詳細は語りません。どのグループにも独自の儀式があり、それは決して口外を許されない秘密だからです。私がいえることはただひとつ。それはオカルト映画のようにおどろおどろしいものでも、強制的なものでもなく、あくまでも自分自身と大宇宙とが契約を結ぶ静かなものだ、ということです。

自分という魔女との出会い

さて、その儀式の後は、箒《ほうき》で空を飛べるように……魔法のほれ薬でモテモテに……人生は私の思うがままに……は、なりませんでした。というか、表面的にはあまりにも変わりがなくて、ガッカリしたというのが正直な感想です。

でも、内面では大きな変化がありました。それは、子供のころから常に心のど真ん中に居座っていた巨大な「クエスチョンマーク」が消え去ってしまったことです。

自分はどうして生まれてきたの？　どうしてこんな体験をするの？　どうして、あの人は私を愛してくれないの？　どうして、どうして……。

そんなエンドレスなクエスチョンマークは、だれの心の中にもある程度、居座っていることでしょう。そして、答えのない問いかけを繰り返しては、どんどんクエスチョンマー

クを育ててしまい、その重みに押しつぶされている人も……。私もまた、物心ついてから
ずっと、その重さに引きずられていたひとりでした。
なのに、その腐れ縁のようなクエスチョンマークは、儀式の翌朝にはいきなり、跡形も
なくどこかに引っ越してしまった様子！ これには本当にビックリしました。なんで、ど
うして、とトラブルに地団駄《じだんだ》を踏む子供の私はいなくなり、さあ、この厄介ごとをどう片
づけようかね、と腕まくりしている大人の私が出現した感じです。
もちろん、山積みの問題は未解決のままで残っているのですが、それにはどう取り組ん
だらいいのか、というのが自然に見えてきました。同時に、諦めるべきこと、捨て去るべ
きこともわかり、生きていくのがとても楽になったのです。
これっていったいどうして？ とディアドラに尋ねてみました。すると彼女は、
「イニシエーション後の心境は個人だけのものだから、確実なことはわからないけれど」
と、前置きしたうえで、
「魔女たちの持っているグループ・ソウルのようなものにつながったのではないかしら？
魔女は自然の流れに沿って生きているから、物事の潮時もよくわかってくるはずよ。あな

たにも、そうした感覚が自然と身についた可能性があるわね」

そう答えてくれました。そうなのかもしれませんし、違うのかもしれません。その答えは、まだ出ていません。

儀式の後、まさに飛ぶように日が過ぎて、日本に帰国する日がやってきました。

「またすぐ戻ってくるからね！」

と、さらりとディアドラとの別れを終え、成田空港の税関では、若い女性の海外旅行にしては買い物がなさすぎる！　という情《なさけ》ない理由で——だって買い物をするようなお金も余裕もなかったんですもの——足どめをくらったりしながら日常生活に戻りました。

せっかく魔女の24時間を学んできたというのに、日本では実践しにくい作業も多く、新たな試行錯誤の毎日です。しかも、ディアドラの住んでいた国に政変が勃発《ぼっぱつ》！　欧米人が暮らしにくくなり、メンバーたちは本国へ帰ったり、他の国での仕事に就いたりして、ちりぢりになってしまいました。またそこで修行させてもらおうという夢は、あっという間に消えてしまったのです。ディアドラとの文通は続いていましたが、これからはひとりでがんばるんだ、という決意を新たにするしかありませんでした。

#「魔女として申し上げますが……」

そして、まもなく次の仕事が見つかりました。それは、占い師。当時、よく読んでいた北欧神話にある「ヘイズ（巫女）」を占い師としての名前にして、新生活を始めました。

占い師になってしみじみと実感したのは「苦しんでいる人間は弱い」ということです。相談にいらっしゃるお客様の多くが、先の見えない悩みを抱えて占い師をはしごし、問題を「簡単に」解決するとうたっている怪しげな護符、お守り、おまじないなどにすがり、法外な料金を請求する悪徳占い師やインチキ祈禱師《きとうし》につけこまれ、ひどい場合は家庭崩壊にまで追い込まれているという現実が、目の前にありました。

そのような人たちを立ちどまらせ、勇気づけ、自分自身の意志をもって問題に立ち向かわせるためには、何百回の占いよりも、

「魔女として申し上げますが……」

というひとことから始める説得に、どれほどの重みと効果があったことか！　もちろん、私にはだれも「救う」ことはできませんが、何百万円も支払うご祈禱の代わりに手軽なハーブ・バスをすすめる、といったことはできました。最悪、ダメでもともと。でも効果があればいいいんじゃない？　というレベルのアドバイスをしているうちに、雑誌の取材を受けたりするようになっていきました。


そして、タロットカードの説明書や、魔術書の翻訳を依頼されたり、占いの原稿を書いたりする仕事が増えてくると同時に、日本で同じような修行をしている人たちとも交流できるようになりました。念願だった儀式魔術師としての勉強も始められました。

しかし、さまざまな人と出会うようになって楽しい反面、魔女という肩書きだけがひとり歩きして、本当の自分をだれも見てくれないのでは、という不安に駆られ始めたころ、人生のパートナーに出会いました。

彼は、私と同じように精神世界に生きる人間で、日本に居を定めることにしたアメリカ人です。お互いの感覚を理解できること以外はごく普通の夫婦として、議論や喧嘩をしたりしながらも、それからずっと一緒に生きています。

「魔女よ！　誓いを立てた道を忘れるなかれ」

占いの仕事も順調で、何冊かの翻訳書を出すチャンスにも恵まれ、人生をともにするパートナーも見つけて、これからはいいことが増えていくのかも、と漠然と考え始めたころ……私は倒れました。右の肺が破裂したのです。

私が子供のころから抱えている病気は、今の医学では完治することはなく、定期的な投薬でのコントロールしかできません。すでに多くの闘病仲間が倒れ、ひと足先に黄泉《よみ》の川を渡っていきました。魔女になってからは、西洋医学的な投薬などの治療に加え、ハーブやリラックス法などを実践して小康状態を得てはいましたが、だんだんと寝込む日が増えていき、ついには過剰に負担のかかっていた肺がつぶれてしまったのです。

そして、呼吸をすることさえままならず、魔女でも女でもない「病人」としての生活が始まりました。何のしがらみもなかった子供時代とは異なり、社会人としての通常の生活を離れて病院のベッドで過ごす毎日は、まさに針のむしろ！　それでも、心配している家族のために少しでも回復したいとあがき、また万が一、現世での時間がつきるとしても、医師たちが私から集めたデータが次世代の治療に役立てば……そんな思いを抱きながら、苦痛に満ちた1日1日を乗り越えていくしかないのです。

そんな日々が1年近く続いたある日、医師が、

「今回の治療がうまくいかなかったら、もう右の肺は諦めましょう。切除しても部屋に酸素ボンベを置けば生きていけますから」

と、告げにきました。

病気には慣れていましたが、さすがにこの宣告はショックでした。それがはたからも見て取れたのでしょう。隣のベッドにいた女性が、信仰している宗教のパンフレットを手渡してくれたのです。私が魔女だなどとは知らない彼女が、そのパンフに載っている瞑想法でいろいろな病気が治っている、と熱弁をふるってすすめてくれたのを覚えています。

そのころ、高熱が続いていたせいか、今ではその宗教の正式名称も、瞑想の方法もはっ

きりとは思い出せません。でも、どうしようもなく弱気になっていた私は、やってみても損はないかなと、その晩、瞑想を試すことにしたのです。うまくいけば、瞑想の中で可愛いらしい動物に出会い、そこから治癒が始まるはずでした。

（バンビにお願いするようじゃ、私も焼きが回ったかも……）

などと思いながらも瞑想状態に入ると、ほどなく巨大な黒鷲《くろわし》が目の前に降り立ちました。そこでパンフレットにあったように癒しをお願いしようとすると、なんと！　みるみるうちに黒鷲は黒い翼の天使になり、巨大な剣を私ののどもとに突きつけ、

「魔女……よ！　汝《なんじ》が誓いを立てた道を忘れるなかれ！」

と、耳を聾《ろう》するばかりの大音声《だいおんじょう》で私の魔女名を呼び、叱咤《しった》するではありませんか。その名を聞くのは、いったい何年ぶりでしょうか。自分でさえ忘れかけていたというのに……。返す言葉もなく天使を見つめていると、今度は静かな声で、

「魔女……よ！　汝が誓いを立てた道を忘れるなかれ！」

と繰り返し、天使は数千の黒い羽根になって消え去っていきました。

永遠に解けない謎と、ひとつの確信

瞑想中にこれほど劇的な体験をしたのは、後にも先にもこれ1回きりです。瞑想中の体験というよりは、どこか別の世界で強烈な体験をして戻ってきたような感覚がありました。高熱のせいだったかもしれませんし、たくさん投与されていた薬剤の副作用かもしれません。でも、私にとっては大きな意味を持つ啓示でした。

けれど、「魔女としての道を忘れるな」といわれても、もうハーブを調合することもできません。手もとにある「魔女らしいもの」は、倒れたときにもバッグに入っていたタロットカードだけ。眠れないままに、占ってみました。

日本では法律上、医療に関する占いはできないのですが、自分のことを占うのならば大丈夫。1枚1枚カードをめくっているうちに、少し風変わりだけれど、今の私の状況に合った治療法を用いる医師が、その大学病院内にいると出てきました。
どんな医師？　と聞いてカードをめくると、剣《ソード》の騎士《ナイト》が出ました。メスを持った外科の教授のようなカードだから、胸部外科かしら？　でもここは内科だし、いったいだれにこの荒唐《こうとう》無稽《むけい》な話をすればいいの？　私が魔女だと知っている主治医はここにいないし……と尋ねてまたカードをめくると、今度は剣のプリンセスが出ました。いちばん若い担当医は女性でしたから、彼女なのかも……。

そして翌朝、朝一番に彼女が回診に来ました。もうここまで来たら、失うものなどありません。私は単刀直入に切り出しました。

「右肺を残せるような治療法があると聞いたのですが……。たしか、ここの外科か胸部外科の教授先生が行っているはずです」

女性医師は、顔面パンチを食らったように、よろけてしまいました。

「そういえば、胸部外科の教授先生はそうした治療を試しているようですが……。どうしてわかったのですか？」

その質問は無視して、私はさらにたたみかけました。

「お願いです。先生からその教授先生に、私の症状をお話ししていただけませんか？」

大学病院に入院したことがある人ならば、これがどれほど無茶なお願いかわかるでしょう。上にいる数人の医師を飛び越えて、いちばん下っぱの医師に、直接ほかの科の教授にかけあってくれ、と頼み込んでいるのですから。私だって、カードに出てさえいなければ、もっと上のランクの担当医に話をしたはずです。

でもこの質問をしたとき、彼女はもう不思議でたまらないという表情で、

「たしかに私は、教授先生のところに長くいましたから、お話はできますが……」

と、答えるではありませんか！　そしてほどなく、その教授が私の病室に診察に来てくれて、あっというまに最新の治療が始まりました。

驚いたことに、その治療法はまさに、そのときの私の状態でなければ使えないものだったのです！　早すぎても遅すぎても無駄になってしまうという、絶妙のタイミングで治療が施されたせいか、私は奇跡的に回復に向かいました。諦めるしかないといわれた肺機能も、普通よりは劣るものの、日常生活には支障がないレベルにまで回復したのです。やがて退院する日、ひょっこりと教授先生が病室にやってきました。

「退院、おめでとう。でも僕にはどうしてもひとつだけ、わからないことがあるんですよ。ごくかぎられた医師レベルでしか知られていないはずの治療法を、どうやってあなたは知ったのかな、ってね」

しかめっ面《つら》の教授先生の質問に、

「私の仕事でわかりました」

と、正直に答えました。すると先生は、

「ああ、翻訳をなさるんでしたね。英語の論文をどこかで読まれたんですか。納得《なっとく》です」

と、笑顔で去っていきました。そういえば、私は翻訳作業の最中に倒れて、ここに運ばれたのでした。なので、まわりからは翻訳者だと思われていたのでしょう。

熱で浮かされた私の瞑想の中に出現した天使は、幻覚だったのか、霊的存在だったのか、あるいは潜在意識が選んだアバターだったのか……それは永遠にわからない謎です。でも、このときを境に「私は魔女なのだ」という確信を得たのは間違いありません。

退院してからパートナーといろいろ話し合い、生まれ育った東京を離れて、山奥に引っ越しました。澄んだ空気とおいしい水、毎日違った表情を見せてくれる緑の木々……。季節の風を感じながら原稿を書いたり、占いをしたり、近所で採れたタケノコを料理したりという暮らしは、驚くほどに私を癒してくれました。

そして今。私はいつのまにか、かつてディアドラのもとへ勇んで出かけていったときの自分のように、緊張と期待ではち切れそうになっている人たちと向かい合うようにもなりました。まだまだディアドラの足もとにも及ばないな～と、ため息をつきながらも、毎日をがんばって過ごしています。

第1章

魔女と魔法、ホントの話

魔女を知るための10の質問

魔女という言葉は、知らない人がいないほどポピュラーですが、その実態を知っている人は、ほとんどいないでしょう。そこで、この章では、本当のところはどうなの？　と、皆さんが興味津々《しんしん》の部分も含めて、魔女と魔法についてお話しします。

魔女の原型は、「智慧《ちえ》と技能のある人」です。人類の歴史が始まったころから、どの文化圏にも、未来を見る能力があったり、薬草などの知識を代々伝えていたり、産婆術に優れていたりする人たちがいました。このような人たちを、魔女の世界では「村の魔女」と呼んでいます。魔女たちは、ときにキリスト教などから迫害を受けながらも、その智慧を絶やすことなく子孫に伝えてきたのです。

しかし現代では、「魔女」という言葉があまりに多用されすぎているせいか、私のもとには、とんでもない誤解にもとづいた質問が寄せられることがあります。そうした質問を公開する形で、基本的な魔女の生活をお話ししていこうと思います。

手始めに、いちばん強烈な質問から！

質問1 魔女は黒ミサで悪魔とセックスするんですか？

すごいでしょ！　本当にこんな質問をする人がいるんですよ。答えは……、し・ま・せ・ん！

これは、中世ヨーロッパの暗黒時代に、魔女裁判が行われたころのでっちあげです。

そもそも、魔女は悪魔の手下でも何でもありません。もともと悪魔というのは、世の中を善と悪で二分する宗教に特有の考え方です。魔女が敬う自然には、そのような簡単な善悪はありません。すべての事象は、宇宙をめぐるパワーの一側面にしかすぎず、人間というちっぽけな存在の都合だけで、善だ悪だと一刀両断するわけにはいきません。

また黒ミサというのは、聖職を剥奪《はくだつ》されたキリスト教の司祭が、本来とは逆の手順で礼拝を行うもので、キリスト教を冒瀆《ぼうとく》するための儀式です。つまり、キリスト教の信者でなければ何の意味もありませんので、これも魔女には無関係です。

そして悪魔とセックス……ああ、書いているだけでも呆れて脱力してきます。セックスとは、愛し合う男女のエネルギーを交換し、結びつける聖なる行為であり、そこには膨大《ぼうだい》な魔術的ポテンシャルが生まれます。でもそれは愛し合う人間同士だからこそ、起こりうること。実体を持たない妄想の固まりと、そんな行為をするヒマはありません。

質問2 でも、魔女はサバトに出るんですよね?

はい、出席します。ですが、サバトの意味が間違って使われています。

もともとサバトとは、ヘブライ語で「安息日」を指す「シェバト」が語源だとされます。

現代の魔女たちは、おもに季節の変わりめを祝う8つのサバトと、毎月の満月や新月ごとに集うエスバットという集会を開き、儀式を行ったり、勉強会をしたり、親交を深めたりしています。つまりサバトとは、単なる仲間うちの集会にすぎません。

ホラー映画などで語られる魔女のサバトとは異なり、本物のサバトは明るく楽しく、そして大地のパワーを感じる厳粛《げんしゅく》なひとときなのです。

質問3 魔女はフェミニストなんですか？

たしかに多くの魔女が、女性の権利のために主張し、戦っています。というのも、多数の魔女がいる欧米は、レディーファーストの文化で知られていますが、実際にはまだまだ女性の権利や能力が認められていない面があるのです。

ただ、魔女だからフェミニストという短絡的な連想で動いているわけではありません。母なる地球の子供たちはすべて平等、というのが魔女の思想なのです。

私はこれまで、人種差別や男女差別をする魔女に出会ったことはありません。だれもが平等なのですから、同じ成果を出せるのに性別や人種で給料が変わったり、評価が変わったりするのはおかしいという根本的なところから、社会的な不平等と戦う……そう、魔女はヒューマニストなのです。

質問4 魔女はどんな生活をしているのですか？

たいていの魔女は、ごく普通の職業に就いています。「魔女」を収入の手段として暮らしている人はほとんどいませんし、いたとしても怪しげなエンターテイナーまがいの人が多く、魔女の世界ではあまり信頼されていません。

うん、ちょっと待てよ？　あなたも今、魔女として本を書いているでしょう？　と不審に思うかもしれませんね。たしかに私のように、占い師や著作家として生きる魔女もたくさんいます。また、魔女術には、昔から伝わる治療術がたくさん含まれていますから、多くの魔女たちは、そうした知識や学びをいかして医療の分野に従事しています。でも、それはあくまでも、その技術から得ている収入です。魔女としてのアイデンティティーを切り売りしているわけではないのです。

また、魔女は一般的に、自分に支払われる金銭の対価として魔法を使ったり、儀式を行ったりすることはありません。ただし、いまだに呪術的な文化が残る地域は、この範囲に入りません。そこでは、魔女であること自体が、立派な職業なのですから。

質問5 魔女になるためにはどうすればいいの？

「私は魔女になる」「今日から魔女だ」と宣言すれば、なれます。もちろん、それはあくまでも「開始点」でしかないのですが、魔女として歩み始めることは可能です。

238ページに、本格的に魔女修行をしていきたい人のためのセルフ・イニシエーション（自分で行う儀式）をまとめました。これは、本書のオリジナルです。これからの人生を魔女として歩もうと決意したなら、それを実行してくだされればよいかな、と思います。

なお、本書で紹介する魔法は、このセルフ・イニシエーションを行わなくても実践できるものばかりです。

質問6 魔女は箒《ほうき》で空を飛べますか？

飛べると主張している魔女もいますが、私は魔女が実際に飛んでいるところを見たことはありません。私は飛べませんし、ディアドラは「そんなことができたら、飛行機代の心配がないのに！」と、大笑いしただけでした。

たしかに「飛行軟膏《なんこう》」と呼ばれるハーブの処方は昔から存在していますが、この処方には、現代では違法とされる麻薬性のハーブが多種、混入されています。おそらく「飛ぶ」気分だけは味わえるでしょうね。

質問7 魔女の「おまじない」にはどんなものがありますか?

魔女のおまじないというものは、存在しません。

以前、そう答えたら、ショックのあまり泣き出してしまった人がいましたが、落ち着いて続きを読んでください。私は魔女の行為を以下のように分けて考えています。

【儀式】 複数またはひとりの術者がその場を清め、魔法円を描き、事前に定められた手順に従って術を行うこと。サバトなどがこれにあたります。儀式のおもな目的は、より強く自然の力を感じることで、人生や季節の大きな節目に行います。

【魔法】 ひとり、または複数の術者が、特定の目的を達成するために、自然界の力を駆使する術を使うこと。もちろんそのためには、惑星の力、ハーブの力などを目的別に厳選し、厳密なルールのもとに用いて、最大限の効力を狙います。

【おまじない】 自然界のルールもその術の根拠も関係なく、無節操に願望を叶えるためにだけ行う気休め。ちゃんとした魔女は、こうしたバカげたものには手を出しません。

暴言だと思われるかもしれませんが、一般の少女向け雑誌などに出ている「おまじない」は、どんなパワーを、何のために、どのように用いるのかについての規則がまったくなく、何らかの伝説を適当につまみ食いしたものでしかありません。そのようなおまじないを実行しても、自己暗示的な効果くらいしか得られないでしょう。しかも、自然のパワーの法則を無視したツケが、遅かれ早かれやってきます。

だいたい、不思議な模様のついたペンダントを身につけて「きっと願いは叶う」と信じれば、どんな願望も成就するなんて……。少し冷静になって考えれば「ありえない！」とわかるはずなのでは？　それが本当ならば、だれもが皆、おまじないグッズを何個も持っていて、何も苦労をしないで好きなものを手に入れられるはずです。

魔女たる者、儀式と魔法は行いますが、そのように無意味で自分勝手なおまじないは行いません。この本で紹介するテクニックは、どれもきちんとした根拠をもって組み立てられています。おまじないではなく、魔法なのです。

質問8 魔女は恋人を魔法で虜《とりこ》にするんですよね？

そんなことはしません。

相手も自分と同じように意志を持った、ひとりの人間なのです。その相手の意志を無視し、ねじ曲げて従わせる……それは「レイプ」ではありませんか？　身体的レイプが許されない行為であるのと同様に、精神的なレイプもまた、許される行為ではありません。

第一、相手が意外な行動をしてくれるから、恋も楽しいのではないかしら？

質問9 魔女になると霊能力が身につきますか？

霊能力というのはつかみどころのない言葉ですが、便宜上、目に見えないものを感じる力、と定義してお答えします。私にはまったくそうした能力はありませんし、ディアドラにもありませんでした。特に霊能力がなくても、魔女としての作業は問題なく行えます。

ただ、生まれつき動物の言葉がわかったり、予知能力があったりする魔女もいます。ちょっとうらやましいような気がしますね。

ただし、基礎的な修行をしていくことで通常の五感以外の感覚が目覚め、オーラを見たり、簡単な未来予知をしたりすることは可能です。でも、そうした感覚は本来、人間に備わっている能力なので、霊能力とは別に考えておいたほうがよいでしょう。

質問10 魔女は祈りで願望を叶えると聞きましたが？

これは、魔女というものを「女神を崇拝する宗教である」と規定している流派のスタンスです。女神の存在を信じ、信仰心を抱いているのであれば、祈りという行為によってさまざまな作用を起こせるといわれています。

私自身は、宇宙には大きなパワーが存在しているとは感じていますが、経験を積むごとに、それを「女神」とか「神」という、人間が規定した型に押し込めてしまうことに抵抗を感じるようになりました。また、何十年間も神秘世界にかかわる中で、目に見えないものや、自分がきちんと理解することができない存在をやみくもに信じて、精神のバランスを失っていく人たちもたくさん見てしまいました。

そのような理由で、宇宙のパワーに対して心の底から敬意の念を払いはしますが、自分が理解できないものに向かって「祈る」ことはしていません。私自身、信仰と魔術は関係ないと考える流派に属していることもあり、毎日の生活を通して神秘的なパワーに触れることこそが「魔法」であるというスタンスを取っています。

魔法を使うと何でもできるし、何もできない

結局、魔法というのは、何でもできるし、何にもできないのです。

「どういう意味⁉」と怒られそうですね。じっくり説明させてください。

私も魔術だけに明け暮れているわけではなく、たとえばSFが大好きだったりします。

特に六〇年代のオリジナル・スタートレックなんて最高！　そこには今のパソコンの足もとにも及ばないようなちゃちいコンピューターが、未来の最新技術として登場します。惑星の環境を変えるような計算を一瞬で終えてしまったり、殺人事件のデータ解析どころか、事件全体を解決してしまったり！

現代ならば喜劇になってしまうような無茶な展開が、当時はSFとして通用したのは、ひとえに「一般の人がコンピューターの実態を知らなかったから」でしょう。

一家に1台はパソコンがあるような現代では、コンピューターが奇跡のマシンではないことを、だれもがよくわかっています。ソフトも入れねばなりませんし、作業もしなければなりません。ときには、ごく些細《ささい》なトラブルでフリーズしたり、壊れたり。有用ではありますが、万能ではないのです。

魔法も、コンピューターとまったく同じです。知らない人にとっては、何かの呪文を唱えるだけで、世界を自由自在に操れる奇跡だと思えるかもしれません。でも実際には、呪文を唱えただけでは、何も変わらないのです。

たとえば、恋人のできる魔法を使ったら、汚部屋の中でパジャマのまま、スナックを食べながらゴロゴロしていても素敵な人が窓から飛び込んでくる……わけがないですよね？　どんなに強力な魔法よりも、部屋を掃除し、こざっぱりとした身なりを心がけるという努力が必要になってきます。もちろん、言葉遣いだって学ばねばなりません。

では、魔法は何の役にも立たないのでしょうか？　いいえ、そうではないのです。

序章の冒頭でお話ししたように、魔女術には、努力する人が報われるための法則が入っています。つまり、魔女の魔法とは、努力から最大限の効果を引き出すためのもの。それを方程式っぽくしてみると、こんな感じです。

本人の潜在能力×努力×魔法＝成果

数学の数式と同じように、潜在能力・努力・魔法のどれかが「0」になれば、成果も「0」になってしまいます。このように説明すると必ず、

「かけ算のように働くんですね！　じゃあ、強力な魔法さえあれば……！」

という反応をする人が出てきます。つまり、

本人の潜在能力1×努力1×魔法10＝成果10

という効果を狙いたいのでしょう。ですが、これまでの経験から、潜在能力・努力・魔法の3つがほぼ等しいときに、最も効果が得られるように思います。つまり、

本人の潜在能力3×努力3×魔法3＝成果27

という感じです。魔法は宇宙のパワーを動かすものですが、実際にそのパワーが現れるのは、その術を使ったあなたを通して、です。つまり、あなたという器に見あった成果が現れることになるのです。

これが、魔女の魔法の仕組みです。あなたにある程度の素質があり、そのために努力を重ねるならば「何でもできる」のですし、素質も努力もなしで、ただ結果だけを願うのであれば「何にもできない」という魔法が働くのです。

黒魔術・白魔術というけれど……

結論からいいますと、黒魔術・白魔術といったものは存在しません。
でも、この区分は皆さんとてもお好きなようで、ハーブ・バスを教えた程度でも「これは白魔術ですよね？　黒魔術じゃないですよね？」と念を押す人の、なんと多いことか！
どうやら一般的なオカルト小説などでは、次のふたつの区分が使われているようです。

その1　悪魔を呼び出して使役するのが黒魔術、天使を召喚して願いを聞き届けてもらうのが白魔術。

その2　自分の邪悪な欲求や復讐のために行うのが黒魔術、人を助けるために行うのが白魔術。

たしかに悪魔喚起、天使召喚という魔術のカテゴリーは存在します。でも、悪魔も天使も、そのような名前で区分されているパワーの総称にすぎませんし、そもそも魔女は、こうした単純な善悪論とは無縁だということは、すでにご説明したとおり。この宇宙には、いろいろなパワーが満ちあふれていて、それを2種類に分けることはできないのです。

ということで、「その1」の誤解はわりと解きやすいのですが、「その2」は、少し手強いかも……。でも、話を進めましょう。

黒魔術に特有とされる「邪悪な欲求」って、いったい何でしょう？　お金持ちになりたいとか？　成功して有名になりたいとか？

いいえ、これはだれもが抱く普通の欲求ですよね。ところが、他の人の収入を横取りしてまで蓄財したいとか、嘘をついてまで有名になりたいとなれば、問題でしょう。

ということは、願望そのものに善悪があるのではなく、あくまでも程度の問題なのです。そして、どの「程度」が善悪の境目なのかなんて、だれにも決められません。

また、ひき逃げにあった被害者が、逃亡中の加害者に司法の裁きが下るようにと「報復」を願ったとしても、それを邪悪だという人はいないでしょう。

そして、白魔術に特有のものと思われがちな「人助け」……。魔女は、親切の押し売りをするわけではありません。もちろん、赤ちゃん連れの女性に電車の座席を譲るといった、社会人ならばだれでも行うべきことはします。でも、それ以外の場面で他人を助けるというのは、諸刃《もろは》の剣《つるぎ》のように危険な行為だと思うのです。その一例をあげてみましょう。

ここに、100万円の借金で苦しんでいる青年がいるとします。その彼に、借金から解放される魔法をかけるのは、よいことでしょうか？　じつは、彼がギャンブルで借金をつくったとわかっていれば、「ちったあ苦しんで返済して頭を冷やせ！」と追い返すほうがいいというのが、大方の意見でしょう。

じゃあ、母親の病気を治療するために背負った借金だったら、「可哀想だから」と、魔法をかけるのがいいのでしょうか？　もしかしたら彼は、苦しみながらも自力で公的補助などを調べて療養計画を立てたりして、一人前の男へと成長していくかもしれないのに？　そのチャンスを奪ってしまう魔法を行うべきでしょうか？

人助けはいいことなのに理屈っぽいなあ、うるさいなあと思うかもしれません。でも、人生というのは精緻に織りあげられたタペストリーのようなもので、そこから1本の糸だけを取りあげて第三者が判断を下すことなど、とてもできないのです。判断できるのは、当事者である本人だけです。その本人が、この状態には助けが必要だと判断して相談にやってくれば、魔女はそのための対策を一緒に考えるでしょう。占ってみたり、魔法を選んでみたりもするし、どこかの公的機関に相談に行くようすすめるかもしれません。

しかし、最終的にどう行動するかは、あくまでも本人の判断しだい。魔女は、自分がすすめたことを実行するかしないかの判断まで、相手に押しつけることはできません。

ということで、人助けのための白魔術というものもありえないのだと、諦めましょう。

実際に魔術にかかわっている人たちは、白魔術・黒魔術という区別をしません。そこにはただ、意志のもとに行動を起こし、結果を手に入れるという一連の流れがあるだけです。たとえるなら、事故を起こす「黒い車」と、人助けをする「白い車」などという分類は無意味で、そこには単に「車」という乗り物があるだけ。どんな結果が得られるかは、当人の乗りこなし方しだいで変わってくるのです。

そう、魔術の世界に踏み出すと、あなたは宇宙のパワーを乗りこなすことを求められるようになります。ルールを守って上手に乗りこなせば、快適な人生ドライブが楽しめます。

魔法を行うときの4つの心得

さて、次の章から具体的な魔法のノウハウをご紹介していきますが、その前にいくつか、お話ししておくべきことがあります。本書にまとめたどの魔法にも共通していえることですから、ぜひ頭の片隅に置いておいてください。

心得1 無理をしないで、自分に合ったものを実践する

魔女への道は万人に開かれているわけではありません。これは、どの精神世界の学習でも同じことで、向き不向きがあるのは仕方がないのです。だから、この本を読んでどうに

もしっくりこなかったり、いくつかのトレーニングをしても肌に合わないような感覚を覚えるようでしたら、無理に魔女術を実践する必要はありません。

そんな人には、神道や仏教といった日本古来の道が合っているかもしれないし、ヨーガやネイティブ・アメリカンの教えに癒されるかもしれません。道はひとつではないのです。

また、本書にあげたもののなかにも、あなたに合ったテクニックと、そうではないものがあるはずです。すべての達人になる！　などと意気込むよりは、試してみて自分に合ったものを学びながら、だんだんと範囲を広げていけばよいでしょう。

そして、私がどう説明したとしても、実行するのは「あなた」です。自分の感覚を頼りに一歩一歩、少しずつトレーニングをしてください。

心得2 効果が出ても出なくても焦らない

すぐに効果が得られなくても、焦ることはありません。あなたは人類の歴史に組み込まれてきた古いテクニックを学ぼうとしているのですから、1日や2日で結果を出せるわけがないと、最初から腹をくくっておくべきでしょう。

その反対に、ちょっと試しただけで、ビックリするような効果や変化を体験する可能性もあります。驚いたり、怖くなったりしたら、しばらく休みましょう。夜ではなく昼間にトレーニングをしたり、同じような興味を持っている友達と一緒にトレーニングをするのも、安心できる方法のひとつ。無理せず進めていくうちに、恐怖は消えていくでしょう。

心得3

自分が行う魔法への自覚と責任を持つ

魔法の効果が感じられたときに、最初の罠《わな》が待っています。

魔法によって、いわゆる「不思議体験」をした人は、かなりの割合で「このハーブの力で」「このパワーストーンのおかげで」と、そのパワーに執着し始めます。あるいは「天使に祈ったから」「精霊が願いを聞いてくれたから」と、より強大なパワーへの依存心を強めていきます。

それ自体は、さほど問題にはなりません。ただひとつ、その変化を起こしたのはあなた自身だ、ということを忘れさえしなければ！

これは「えへん！　私の力ってすごい！」と、傲慢《ごうまん》になれという意味ではありません。ハーブもパワーストーンも、天使も精霊も、あなたが働きかけさえしなければ、あるがままの状態で宇宙に存在し、おのおのの役目をまっとうしていたはずです。

そこからパワーを引き出し、変容させて結果を引き寄せたのは、あなたに他なりません。だから、「私がそうしました」と認めて、責任を持つのです。

この姿勢を忘れてしまうと、このハーブがダメなら他のハーブを、このパワーストーンで願いが叶わなければ次は……と、宇宙のパワーを単なる物品としてどんどん消費するようになってしまいます。そして悪いことが起これば「ハーブが効かなかったから」「天使がそう決めたから」と、自分の責任を放棄するようになるのです。それは魔女の生き方ではありません。

魔女は自分の足で大地に立ち、その足で人生を歩んでいきます。道を間違ったら、自分の間違いを認めて潔く引き返し、正しい道を歩み直さねばなりません。そのためには、常に自分の行為に自覚と責任を持っていなければならないのです。

心得4

宇宙のパワーをみだりに貪《むさぼ》らない

魔女のテクニックを修得し、少しずつ効果を体験していくと、やがてあなたは「支払い」を求められていることに気づくようになります。あなたが使っている……いいえ、一時的に借りているハーブや惑星、その他の宇宙のパワーへの「支払い」です。

これは別に、夢にアメジストが出てきて「次に使ったら3000円ちょうだい！」と騒ぐとか、寝苦しい夜にハッと気づくと、ハーブがあなたの生き血を吸っていたとか、そんなことが起きるわけではありません。

宇宙のパワーは、まったく要求などしません。でも、あなたが借りた分だけ、そこには空白ができていることに、あなた自身が気づくようになります。そして、その空白の重さに、あなたは必然的にある支払いをするようになります。

その支払いとは、宇宙のパワーに対して「気を配る」こと。気を配るとは曖昧《あいまい》な表現ですが、ある種の存在に気を配ることが、やがてはその保護や回復に結びつくのです。たとえば、ハーブのパワーを借りれば、植物全体に気を配るようになっていきます。そうなれば、植物の乱伐につながる紙の無駄使いなどは、する気が起きなくなります。

自分の行動が、その種にどんな影響を及ぼすのかを考えながら毎日を生きるのは、はっきりいって面倒です。でも、それが宇宙のパワーへの支払いなのです。

最初のころは、そんな話は実感できないかもしれません。でも、あなたがさらに魔女術に慣れていくと、「無から有は生まれない」という法則が、魔法の世界でもしっかり働いていることに気づくようになります。

宇宙は、欠けたパワーを補うものを取り込み、バランスを保とうとします。魔法を使って願望を達成するたびに、自分の何かが持っていかれるのがわかるようになります。それはたいていの場合、借りたパワーへのお返しに使う時間や労力、あるいは同じようなトラブルに悩んでいる人を救うための時間や労力といったものが多いでしょう。

そうした支払いを無視し続けると、ある日突然、あなたの大切なものがなくなります。物理的に消えてしまうのです！　愛情や友情などが消失してしまうこともあります。

おとぎ話や民話には、妖精と取り引きをして願いを叶えてもらったら、代わりに子供が妖精の国にさらわれた、といったストーリーがたくさんありますが、そこには真実が含まれているのです！　かけがえのないものを失ってしまう前に、支払いをしましょう。

また常日頃、支払いを忘れずに行っていても、魔法が予想外に大きな効果を上げてしまったときなどは、やはりちょっとしたものが消えてしまうことがあります。私の実体験では、入院中にタロットカードを使って適切な治療法にめぐりあった後、戸棚にしまいこんでいた結婚祝いの銀食器セットから、お皿が1枚だけ消え去りました。

宇宙のパワーを借りて何かを達成しようとすれば、そうした面倒なリスクを負うことになります。そのリスクを負ってまで魔法の世界に足を踏み入れたいかどうか、もう一度考えてみるのもいいでしょう。

魔法を実践するときの具体的な注意事項

さて、今度は、より具体的な注意事項をまとめてお伝えしましょう。魔法のための場所、道具、服装、そしてあなた自身のコンディションなどにかかわる注意事項です。

❶専用の道具を用意しましょう。

魔法用具は、必ずそれ専用のものを準備しましょう。自宅にある物を流用するときは、きれいに洗って使うか、洗えない物ならば1週間ほど太陽や月の光にさらしてから使います。そして、一度魔法に使ったものは、日常の使用には戻さないこと。どんな魔法であっても、作業中に集まったパワーが、そこに少しずつ残ってしまうからです。

❷できるだけ自分のテリトリー内で行いましょう。

自室、自宅、自宅の庭などなら、リラックスできるので、最大の効果が期待できます。ただし、魔法の効果は水の流れにさえぎられるといわれますから、問題の起きている場所が職場や学校で、自宅との間に川や湖があるなら、職場なり学校なりで実行したほうが効果は高いはず。それが無理な場合は、9割方を自宅で行い、最後の1ステップだけを問題の場所で、という方法もとれます。臨機応変に工夫しましょう。

❸プライバシーを確保できる場所で行いましょう。

見られたら効果がない！　という心配はありませんが、バカげた噂の餌食《えじき》にならないように気をつけましょう。

❹片づけと掃除をすませ、身を清めましょう。

ゴミための ようなところで魔法を行ってもよい結果は出ませんし、火を扱ったりするのに乱雑な状態では危険です。もちろん、あなた自身の身体も同じこと。入浴をして身を清めるのがベストですが、それが不可能なら最低でも手を洗い、うがいをしましょう。

❺体調がとても悪いときは避けましょう。

魔法には、かなりの気力が必要です。気軽に行っているようでも、後からどっと疲れがやってきます。ですから、慢性病がある人は症状が安定しているときに実行しましょう。また、花粉症などの場合は、症状のつらい季節をできるだけ外しましょう。

❻体を締めつけない清潔な服装で行いましょう。

ゆったりとした天然繊維の服を着て行いましょう。ロングTシャツのようなものがおすすめです。また、黒っぽい色のほうが気持ちが落ちつきます。できれば数枚用意しておいて、常に清潔に保ち、魔術のトレーニングのときにはこれを着ると決めておくと、精神を集中するためにはより効果的です。ブラジャーは外し、下着や靴下もゆったりしたものにしてください。

魔法が使えるかどうかのガイドライン

この本で紹介する魔法は、ほぼすべてが「願望達成術」というカテゴリーに入りますが、これを実践するには、宇宙のパワーに協力してもらわねばなりません。その協力を取りつけるためには、次のようなガイドラインに従う必要があります。

❶それ以外の方法で達成できるものには、使えません。

ちょっとしたことに魔法を持ち出すのは、ゴキブリ退治にバズーカ砲を持ち出すようなものです。あの人に電話をするのが恥ずかしいから、向こうからかけてほしいの……といったくだらない願望には、魔法を使ってはいけません。

❷第三者の願望を叶えてあげることはできません。

どんな苦悩にも、原因と結果があります。その因果関係がわかるまでは、その人自身が悩む必要があり、途中で介入しても状況は変わりません。いわば、空腹な人に代わってあなたが食事をしても、当の本人は空腹のままなのと同じことです。

例外は、自分の家族が病気やケガをしたときでしょう。そうした状況で、普通の医学的な治療に加えて、回復を促す魔法を使うのは、ごく自然な行為です。

❸第三者の願望でも、正式に依頼されればサポートできます。

第三者を助けるならば、はっきりと言葉で依頼されることが必要です。それなしで第三者の願望に勝手に立ち入るのは、いわば越権行為。いつかめぐりめぐって、あなた自身が嫌な目にあうでしょう。

❹第三者の手助けをしても、料金を要求してはなりません。

これについては、説明するまでもないでしょう。ただ、お礼のお菓子などをもらったときに、それを突っ返すような心ないことは、やめましょう。

成功する魔法・失敗する魔法の見わけ方

成功する魔法とは、以下のような条件を満たしたものです。

❶本人以外も正当な利益を得る。

病気治療、就職、人間関係の改善といった前向きの願望は、本人だけではなく、家族や周囲の人も結果的に幸福にします。このように幸福の輪を広げる魔法であれば、宇宙も大歓迎してくれるでしょう。

❷本人が精神的に安定する。

不眠や不安の改善、つらい過去からの脱却、いじめから逃れたいなどの願望は、安定した生活に不可欠のもの。願望が達成されれば本人の創造性が上がり、宇宙にもプラスになっていくはずです。

❸本人の社会的な状況が改善される。

魔法によって入試に合格したり、オーディションに受かったりすれば、自分の才能を発揮して世の中に奉仕することができます。このような願望は一見、自己中心的に見えるかもしれませんが、その後の活動が宇宙にプラスになるものであれば大丈夫です。

反対に、行ってはならない魔法、行ってもまず失敗する魔法は、以下のものです。

❶他人の意志を左右する。

特定の人の気持ちをあなたに向ける、タイプじゃない人に自分のことを忘れてもらう、自分の子供を勉強好きにするなどの願望は一般的なものですが、人はだれも、他人の意志に立ち入る権利を持ちません。

❷過去を呼び戻そうとする。

過去に起きたことをやり直そうするのは、宇宙のパワーの流れに逆らうことです。別れた人と復縁したい、死者と交流したい、生き返らせたいといった願望は、ある意味で、宇宙を敵に回すようなものです。

❸無節操な欲望を叶えようとする。

宝くじに当たりたい、アイドルと恋愛したいなどの願望もよく聞きます。私だって、宝くじを買って夢を楽しみますが、「私には宝くじに当たる権利がある！」と、宇宙に要求したりはしません。アイドルとの恋愛も、無節操な願望にしかすぎないのです。

❹相手に物理的ダメージを与える。

憎い相手の家が火事になるように願ったり、極端な場合は呪殺したいなどと考えても、叶いません。それどころか「人を呪わば穴二つ」を実感する事件が起きるでしょう。

さて、ここまで読んで、相当ガッカリした人が多いのではないでしょうか？　他人の意志を左右する魔法が叶わないなら、世間一般でいう「恋のおまじない」は無意味なの!?と、悲しくなったのでは……？

残念かもしれませんが、そのとおりです。だって、魔法で他人の気持ちを自由にできるなら、あなたが絶対に抱かれたくないタイプの男性が、こっそり魔法を行っただけで、あなたとベッドインに成功しちゃう、なんてことも起きてくるわけです。想像しただけで鳥肌ものでしょ？　宇宙のパワーは、そんな不合理な方向には動かせないのです。

過去を呼び戻せないなら、復活愛も叶わないのかって？　ええ、時間の流れは変えられません。

ということは、やっぱり魔法なんて無駄なのでしょうか？

いいえ、そんなことはありません。使い方を考えればいいだけなのです。だれかに愛されたいならば、愛されるような存在に、あなたがなればいいのです。そのためにまず内面を変化させ、そしてそれを外面へ、相手へと伝えていくように考えるのです。

復活愛も、復活ではなく、新たに出会って愛し合うのだという観点で考えましょう。

それって、まだるっこしい……と思うかもしれません。でも、大好きな人がいるのに緊張してお茶にも誘えない人が、ちょっと積極的になるだけでも、状況はがらりと変わるのでは？　復活愛だって、それなりに理由があってダメになったわけでしょう？　そんなつらい過去を蒸し返すより、新たに魅力的な女性になって彼の前に登場したほうが、よほど効果的だと思いませんか？　詳しくは、第3章「恋をかなえる魔法」でお教えしましょう。

COLUMN

私が実際に使ったことのある魔法とは?

いろいろと述べてきましたが、私がよく使っている魔法についてお話ししましょうか。

本文にもチラリと書いた若い頃の数々の失敗例は、もう黒歴史&時効、ということでお許し願いたいところです。それとは逆に成功を確信している、というものとなると……。

【その1】

香りの魔法。いくら大人になったといっても、精神的に疲れ果てているときなどには、些細なことで感情が暴走してしまいがちです。そんなときは、184ページに書いた香りの魔法を愛用しています。特によく使うのは、「もう私なんてどうでもいいんだ……」といった気持ちから救ってくれる、バジルやクローブでしょうか。

【その2】

悩みすぎてどうしようもないときは、109ページのキャンドルの炎で占う魔法がお気に入り。慣れてくると炎からお説教されたりするのも楽しんでいます。

第2章

幸せ魔法、はじめの一歩

魔法の力を目覚めさせる3つの基本トレーニング

この章では、いよいよ魔法の世界に足を踏み入れていきますが、その前にもう一度、魔法とは何かについて、軽くおさらいをしてみましょう。

魔法とは、宇宙のパワーを一時的に借りて、あなたの潜在能力と努力を最大限の成果に結びつけることです。この「宇宙のパワーを一時的に借りる」ことについては、リスクと責任が生じます。魔法を使いたいと望むすべての人は、それを負う覚悟が必要です。

その覚悟ができたなら、ここで紹介する3つの基本トレーニングから始めてください。

そうすると、普段の生活では使っていない能力が目覚めていきます。

なお、このトレーニングによって開発される能力は、霊能力ではなく、もともと人間が持っているもの。ですから、もしもトレーニング中に不思議なビジョンなどが見えたとしても、心霊現象などとはいっさい関係がありませんので、怖がらなくても大丈夫です。

基本のトレーニング1
意識の点を見つける

すべての魔術的作業の原点になるのは「自分」を確実に意識することです。

自分を忘れるわけがない、と思うかもしれませんが、恐怖にパニックしたときや、あるいは文字どおり、怒りに「我を忘れる」ときなど、けっこう自分という意識がなくなっている瞬間はあるはずです。そして、このふたつの例でわかるとおり、その後にはたいてい、とんでもない結果が待っています。

というわけで、魔法の世界へ最初の一歩を踏み出すときには、現実世界の錨《いかり》となる「自分」を意識するノウハウを身につけておくほうが、だんぜん安心なのです。

さて、人にはだれしも「自分」という意識がありますが、あなたの場合、この「自分」という意識は、体のどこにありますか？　「自分」をさっと把握しようとしたときに、意識が向かう場所は、どこでしょう？

このとき、大ケガでもしていないかぎり、手や足に意識が向かうことはありません。それはほぼ確実に、7つのチャクラのどこかに位置しているはずです（イラスト参照）。

チャクラとは「輪」という意味のサンスクリット語で、人体を流れるエネルギーが一定の渦をつくるポイントをさします。この渦ごとに異なった機能があるといわれます。

ほとんどの人は、第三（みぞおち）、第四（胸）、第六（額）のチャクラのいずれかに意識の点があります。ただ、武道やダンスの訓練を受けた人は、第二（丹田《たんでん》）のチャクラに下りてきていることも多いようです。

意識の点は、どこにあるといい・悪い、というものではありません。「どこにあるかを知る」ことが大切なのです。

意識の点を知る方法は、もうひとつあります。

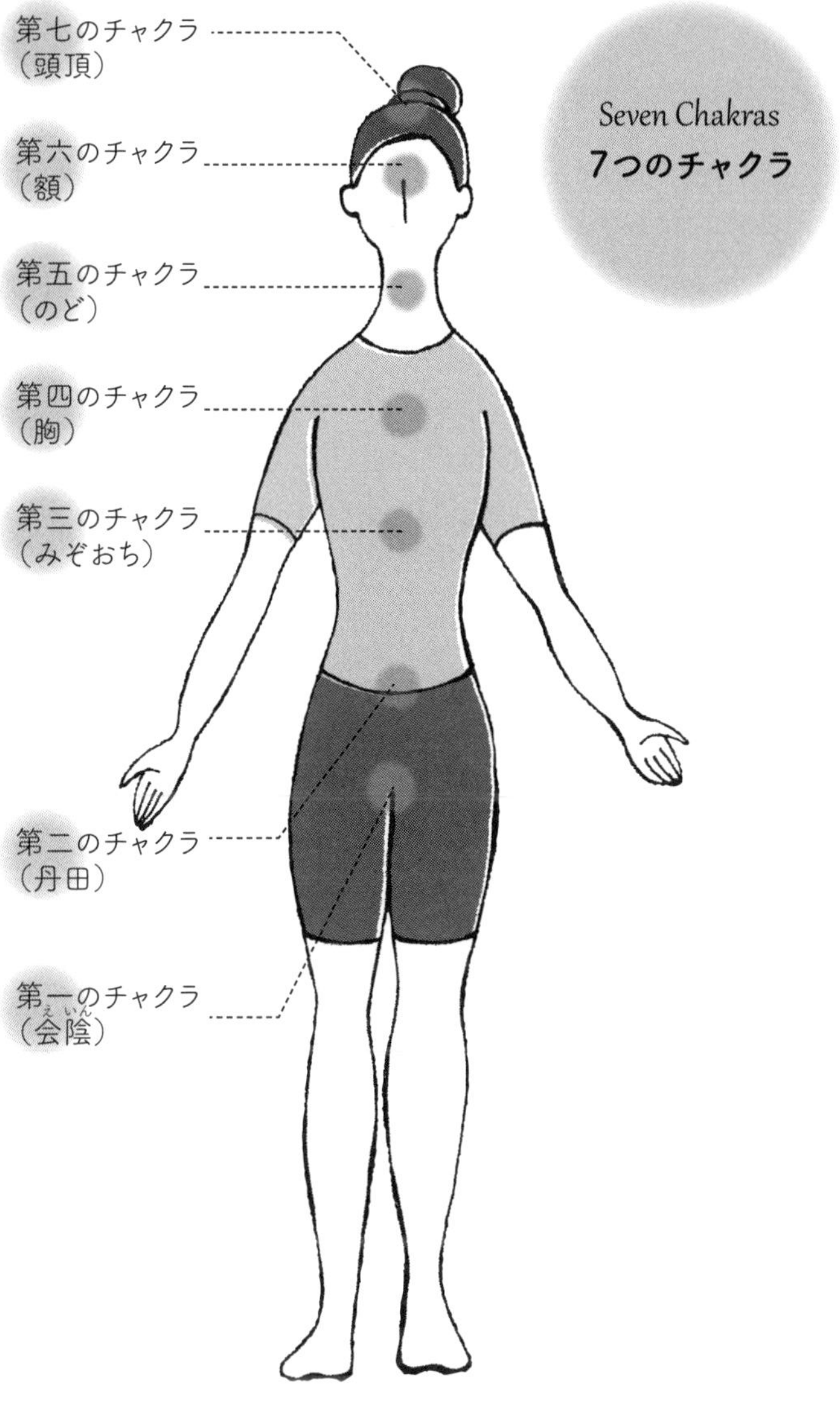
Seven Chakras
7つのチャクラ
第七のチャクラ（頭頂）
第六のチャクラ（額）
第五のチャクラ（のど）
第四のチャクラ（胸）
第三のチャクラ（みぞおち）
第二のチャクラ（丹田）
第一のチャクラ（会《え》陰《いん》）

ケガをしないように、布団やクッションなどをしっかりと自分の前に積み重ねます。そして、膝を曲げずにできるだけまっすぐなままの姿勢で、そこに倒れ込んでいくのです。このとき、自分の身体のどの部分が斜めになった時点で「倒れる！」という感覚を持ったのかが重要です。意識の点が傾斜を感知したとき、倒れるという全身の感覚、あるいは軽い恐怖が生まれます。どこに意識の点があるかは、これでわかるでしょう。

意識の点は、あなたという存在を束ねている結び目のような役割を果たしていて、ここに最も精神が集中しやすいようになっています。なので、その場所がわかれば、これからのトレーニングだけではなく、日常生活にも有効にいかしていけます。

たとえば、大きな事件に出合って取り乱しそうになったら、意識の点に光が集まっていくとイメージしながら深呼吸をするだけで、かなり落ち着けるでしょう。

基本のトレーニング2　リラックスする

魔術のすべての訓練は、リラックスした状態で行います。

リラックスなんて簡単じゃん？　と思うかもしれませんが、これがけっこう大変なのです。もしも人間の身体が100％リラックスしたら、筋肉は身体を支えられなくなり、その場に崩れ落ちてしまいます。なので、適度な緊張をバランスよく肉体に残したまま、無駄な力はすべて抜いてリラ〜ックス！　となると、ちょっとした訓練が必要です。

座った姿勢でのリラックス法

❶「ファラオのポーズ」といわれる姿勢で行います（イラスト参照）。ちょうど足が着くくらいの高さの堅めの椅子に深く腰かけ、足は肩幅に開きます。背もたれには寄りかからず、背中はまっすぐに伸ばし、両手は腿《もも》の上に軽くのせます。

Pharaoh Pose

ファラオのポーズ

ちょうど足が着くくらいの高さの堅めの椅子に深く腰かけ、足は肩幅に開きます。背もたれには寄りかからず、背中はまっすぐに伸ばし、両手は腿の上に軽くのせます。

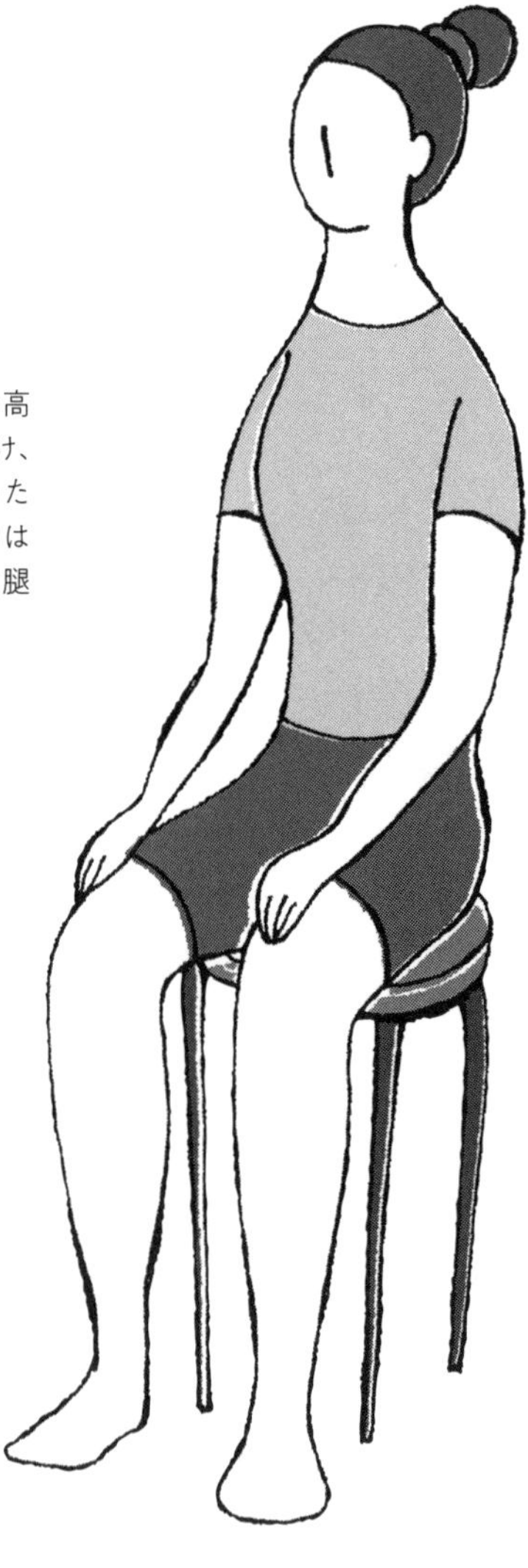

❷ 基本トレーニング1で見つけた意識の点に精神を集中しながら、ゆっくりと深呼吸します。すると、筋肉がこわばっている箇所がだんだんとわかってきますから、軽くそのあたりを動かしたりしながら、力を抜いていきます。

❸ 慣れてくると、意識の点から光がだんだんと全身に広がっていくように想像しながら深呼吸する、という方法も使えるようになるでしょう。

❹ 全身がリラックスしたら、しばらくはそのまま深呼吸を続けます。瞑想をしたいときは、このまま瞑想状態に入っていくことも可能です。

横になった姿勢でのリラックス法

❶ 仰向けに横たわり、足を肩幅に広げ、両腕も自然な角度で伸ばします。慣れないうちは、首の下に低い枕を当てて行ったほうが楽でしょう。

❷ まず、全身の筋肉にできるだけの力を入れて、グーッと突っ張ります。突っ張って、突っ張って、もうダメだ、というポイントまできたら、ガクッと力を抜きましょう。これで筋肉は、ほぼリラックスした状態になります。こわばった

ところが残っているようであれば、同じことを繰り返します。

❸あとは意識の点に集中しながら、ゆっくりと深呼吸を繰り返して、心が落ち着いてくるのを待てばよいのです。座った姿勢でのリラックス法と同じように、意識の点から光が広がるというイメージを描いて、リラックスしていくのもいいでしょう。

どちらの姿勢でも最初のうちは、リラックスするのにとんでもなく時間がかかったり、逆にイライラしたりすることが多いでしょう。普段の生活では、身体も心も生存競争に備えて緊張しているのが常ですから、それをゆるめろという指令には反抗してくるのです。

その段階を通り抜けると、リラックスするかしないかのうちに、眠りに落ちてしまう日が続くかもしれません。これも、生まれてからずっと緊張状態だった心身をリラックスさせたのですから、当然のこと。どうぞ熟睡してください（だから、この時期は電車の中などではトレーニングしないように！）。やがては短時間でリラックスできて、かつ眠り込まない状態を保てるようになります。

このテクニックは、不眠解消にとても効果的です。疲れすぎてかえって眠れないような夜や、ホテルなどの慣れない場所でなかなか寝つけない夜には、最高に役立ちます。

基本のトレーニング3
オーラを見る

私たちが日常で使っている視覚は、目の機能の一部にしかすぎません。焦点の合わせ方さえ変えれば、目の機能が拡張されて、生物や鉱物などのエネルギー・フィールド（＝オーラ）を見ることができます。オーラを見られるようになると、いろいろと便利です。

視力が弱い人は、いつもどおり眼鏡をかけましょう。コンタクトについては、通常とは異なった方向に眼球が動くせいか、痛みを覚える人が多いので、使用を避けてください。照明は、ごく普通のレベルにしておきます。

最もオーラが見えやすいのは人間の手ですので、そこから始めましょう。

トレーニングの手順

❶リラックスし、意識の点に精神を集中しながら、手を見ます。そして、手のひらから指先へと視線を動かし、指先をぼんやりと見てみましょう。決して力まず、よく意味のわからない芸術作品でも見るような、気の抜けた視線を向けるのがポイント。おそらくはこれだけで、指の先に湯気のようなゆらめきを見ることができるはずです。

❷それが見えたら、手を振ってみましょう。ゆらめきが、その動きにつれて揺れ動くのが見えるはず。そこまでできたら、もう大成功！　このときの視線の合わせ方を覚えておけば、後はいろいろなものを見て練習すればいいだけです。

❸これで見えなければ、両手で強く、何回か拍手をしてから見てみましょう。手を打ち合わせると、そこに「気」が多く集まってくるので、オーラがより見やすくなるはずです。

❹1日に2～3回やってみてダメだったら、また翌日挑戦しましょう。急ぐことはありません。リラックス法などが上達するにつれ、自然とこうした視覚も開

発されるからです。

湯気のようにゆらめくオーラは、だれでも見ることができますが、そのオーラに色を見るのは、また別の話です。オーラに色を見る人はたくさんいますが、複数の人が同じオーラを見ても、何色なのか意見が一致することは少ないようです。そのかわり、こんな形のオーラだという点では、ほとんど食い違いがありません。なので、あまり色を見ることにこだわる必要はないと思います。

オーラを見ることができるようになると、あなたが物を選ぶときにとても便利です。たとえば、あるパワーストーンが自分に合っているかどうかは、手に取ったときにオーラが大きく元気に拡大していくか、逆にしおしおと縮んでしまうかを見れば、すぐにわかります。これは何にでも使えるので、試してみるとよいでしょう。

やがて、初対面の人のムードも、オーラの動きで、およそ推《お》し量《はか》れるようになります。

とはいっても、オーラが見られるようになったからといって、いきなり友達に「あなた本当は疲れてるでしょ！　オーラでわかるんだからね！」などといいだすのはやめましょう。オーラもまた、その人の一部です。友達の下着がちらりと見えてしまっても、「今日はブルーのパンティだね！」などと大声でいいませんよね？「できる」ということは、「何でもやっていい」という免罪符ではありません。

とてもベーシックな6つの魔法

ここから先は、もっとマジカルなトレーニングになります。

それを始める前に、ひとつだけ注意事項があります。それぞれのトレーニングの最後には「やってはいけないこと」が書かれていますので、それは決してやらないように！

目に見えない世界には、物質界とは異なるルールや現象が存在します。それが私たちの暮らす物質界と交差するときは、気をつけないと、双方の世界にダメージを与えることがあります。こうした事故を防ぐために、「やってはいけないこと」というタブー集が、先達から伝えられているのです。そのタブーを破るのは、真っ赤に焼けた鉄の棒をわざわざ握るようなもの。目に見えなくとも危険は存在しているのだと、心に刻んでください。

基本の魔法1

水晶球でビジョンを見る

水晶球や黒い鏡をのぞき込んで、そこに浮かぶ映像を見るのは「スクライング」と呼ばれる技術です。これも心霊現象とは無関係。練習しだいで、だれにでもできます。ただ、修得するまでの所用時間には、かなりの個人差があります。参考までに私の場合は、何らかの映像が見えるようになるまでに6か月ほどかかりました。しかし、占いの教室でこのテクニックを教えたときは、ほとんどの生徒さんが1時間以内でそこまで到達！おそらくは皆さんも、私ほどの時間はかからないで、この魔法を楽しめるでしょう。

用意する物

直径5センチ以上の水晶球。安い人造水晶でも、ガラスの球でもかまいません。また、ガラス製（ステンレス製でも可）の料理用ボウルに水を満たしたものでも代用できます。

魔法の手順

❶ファラオのポーズ（88ページ）で座ってリラックスしてから、意識の点に集中し、その度合いを深めます。視力が弱い人は、眼鏡をかけましょう。

❷目を半眼（顔を正面に向けたままで、視線を下に落とせば半眼になります）にして、その状態で水晶球をぼんやりと眺めます。オーラを見るときと同じ感覚です。

❸やがて透明な水晶球がミルクを注いだように曇ってきます。

❹そのまま見続けると、いきなり霧が晴れるように水晶が澄んできます。

❺さらに見続けると、テレビのように鮮明なビジョンが見え始めます。

❻ビジョンが揺らいで消えたり、くるくる変わって落ち着かなくなってきたら終了。水晶に「曇れ」と命じて映像を消すか、もしくは目を閉じて深呼吸をしましょう。

さて、何が見えましたか？

慣れないうちは各段階で退屈してしまったり、目の前の現象にビックリして、集中が途切れてしまったりしますが、やがて、映像が見えるようになってきます。

この映像は、あなたの潜在意識から出てくるものなので、その解釈は、あなた自身にしかできません。なので、自分でも気づいていない内面の葛藤《かっとう》などを探るのに適しています。その意味では、応用範囲がとても広いのです。

なお、映像を見終えた後に、ボーッとした感じがなかなか取れなかったら、ココア、甘めのホットミルク、チョコレートのかけらなどを口にするとよいでしょう。現実に戻るためには「カフェイン・砂糖・動物性タンパク質」のコンビネーションが有効なのです。

やってはいけないこと

水晶球占いをしているときは、視覚だけを活用しましょう。ビジョンを見ているうちに何らかの声が聞こえてきた、あるいは自分に向かってビジョンが語りかけてきた……などというときは、精神集中がとぎれた証拠なので、中止してください。

また、あくまでも「気楽に眺める」ようにしましょう。じっと凝視してしまうと、やがて強烈な頭痛に襲われます！　しかも、なぜかこの頭痛には鎮痛剤が効きにくいので、かつての私のように、頭に冷たいタオルをのせて「あ～、私がバカだった～」と、30分くらい呻《うめ》いているしかありません。まあ、一度やれば懲《こ》りるとは思いますけれど……。

基本の魔法2　ペンジュラムにイエス・ノーを尋ねる

これは、特定の質問に対するイエス・ノーを調べるほか、捜し物に最強の魔法だと思います。ドイツではその昔、この方法で水脈や鉱脈を捜す専門のダウジング公務員がいたとか！　日本でも、土木関係の人たちが水道管などの位置をダウジングで調べている様子がテレビで紹介されていました。

ダウジングについては、参考書も用具もいろいろなものがありますが、ここではペンジュラム（振り子）を使う方法を紹介します。市販のダウジング用ペンジュラムを購入してもいいのですが、重たいペンダントヘッドなどを利用すれば、手づくりが可能です。

ペンジュラムの準備

※市販の物を利用する場合は、以下の準備は必要ありません。

❶ 15グラム以上あるペンダントヘッド（カジュアルリングでもOK）と、丈夫で太めの糸（タコ糸がおすすめ）を、自分の肘《ひじ》から指先くらいの長さだけ用意します。

❷ 糸の端をペンダントヘッドに結びつけ、もう一方の端を指にかけて、ペンジュラムを垂らします（104ページイラスト参照）。このとき、肘は机に立ててください。その状態でペンジュラムが机につかないよう、長さを調節しましょう。

❸ 少し強く振り、糸がしっかりついているかどうかを確かめてから、練習に入ります。

イエス・ノーの振れ方を調べる

ペンジュラムはイエス・ノーを答えてくれる道具ですが、その答え方は個人ごとに違いますので、まずそれを決めてあげなければなりません。そのためには、

「私は今、眼鏡をかけていますか?」

「私は今、座っていますか?」

といった、イエス・ノーがわかりきっている簡単な質問をして、ペンジュラムの動きを観察してください。リラックスして、力を抜いた状態でペンジュラムを垂らしていると、いつの間にかそれが動き始めます。

その動きは、右に回る、左に回る、縦に揺れる、横に揺れるなど、人によって異なりますが、だいたい動きが定まってきたら、それがあなたにとっての「イエス」の動きです。

そうしたら次は、

「私は今、眼鏡を外していますか？」

「私は今、立っていますか？」

といった、先ほどとは正反対の質問をしてください。すると、先ほどよりは短い時間で、ペンジュラムが揺れ始めるでしょう。ただし、先ほどと正反対の方向に動き始める……とはかぎりません。イエスが右回りでノーは横揺れ、イエスが横揺れでノーは左回り、などの組み合わせもあります。どんなパターンであっても、あなたにとってわかりやすいイエス・ノーの組み合わせができればいいのです。

なお、机に肘をついたままだとペンジュラムがなかなか動かないという人は、肘を机から浮かせて試してみるといいでしょう。

ペンジュラムに質問するときのコツ

質問の出し方にはコツがあります。それは、質問の内容を具体的に限定することです。

たとえば、あなたが真冬に野外ライブを見にいくとします。そのときに、

「明日は雪が降りますか？」

と、ペンジュラムに尋ねても、適切な答えは得られません。真冬であれば、おそらく日本のどこかでは雪が降るでしょうし、それをあなたの潜在意識も知っていますから、ペンジュラムはイエスと答えるか、あるいは範囲が広すぎて回答が出せないために不規則に動くかのどちらかになるでしょう。

この場合、適切な質問の仕方は次のとおりです。

「明日、私が出かける野外ライブの会場と開催時間に雪が降りますか？」

このように、場所や時間帯などの条件をきちんと決めて尋ねることが大切です。

ペンジュラムがどうしても動かないときは、少し自分の手で動かしてもかまいません。弾みをつけてやると、やがて一定の方向に動きが決まってきます。

ペンジュラムとあなたとの間に絆ができてくるほど、質問に対する正答率が上がっていきます。ちょっとしたチャンスを利用して、トレーニングを繰り返すといいでしょう。

How to hold a Pendulum
ペンジュラムの持ち方

糸の端をペンダントヘッドに結びつけ、もう一方の端を、親指の腹と人差し指の第二関節のあたりで軽くはさむようにして、ペンジュラムを垂らします。このとき、肘は机に立ててください。その状態でペンジュラムが机につかないよう、長さを調節しましょう。

基本の魔法3　ペンジュラムで失せ物を捜す

イエス・ノーが読み取れるようになったら、今度は失せ物捜しをしてみましょう。いちばん簡単な方法は、ペンジュラムにその方向を指し示してもらうことです。たとえば、家の中でイヤリングをなくしたときは、次のような手順で捜します。

❶家の真ん中に立ち、ペンジュラムに「私のイヤリングはどこ？」と質問します。「ルビーの入った」「紫色の」など、より具体的な情報を入れて質問しましょう。

❷すると、一定の方向にペンジュラムが揺れてきます。その延長線上にある部屋に行き、部屋の中央に立って同じことを繰り返します。このプロセスを繰り返すうちに、だんだんと範囲が狭《せば》まり、失せ物の場所がわかってくるはずです。

❸ときには、ペンジュラムの揺れに引っ張られるような気がするでしょう。そんなときは、その揺れに従って歩いていくと、失せ物のある場所へ行きつくこと

ができます。

基本の魔法4
キャンドルの炎と絆を結ぶ

キャンドルを使う魔法はたくさんありますが、それらを始める前に、「火」という元素に対して敬意を払い、絆を結んでおくのがおすすめです。

火は、火水風地という四大元素《エレメント》のうち、私たちにとって最も異質なもので、それだけに感じ取りやすいのです。また、一瞬であなたの住まいも命をも破壊できるパワーを秘めた存在でもあります。だからこそ友好関係を結び、お互いを尊重せねばなりません。

魔法を行う場所をすっきりと片づけ、安全に十分注意しながら進めましょう。

用意する物

普通サイズのキャンドルと、キャンドル立て（耐熱性の小皿でも可）。

魔法の手順

❶あなたから30センチ以上離れたところに、キャンドルを立てて点火します。ライターよりはマッチを使うと、効果が出やすくなります。

❷ファラオのポーズ（88ページ）で座り、意識の点に集中しながら、深呼吸してリラックスします。その状態で、ぼんやりとキャンドルの炎を眺めていると、やがて炎は直立してぶれなくなります。

❸直立した炎を眺めながら、あなたが炎に対してどんな敬意を払えるか、心の中で語りかけていきましょう。たとえば、「火事を出すような危険な扱い方をしません」というのも、大切な敬意の払い方です。

❹しばらくそんなふうに語りかけていると、キャンドルの炎から、キラキラと輝く光の矢があなたにどんどん向かってくるように見えてきます。そのまま見続けると、光の矢があなたの体に吸収されていくような感覚が生じるでしょう。

30分くらい見ていてもこの状態にならなければ、また次の機会に試してみましょう。そのうちに成功するはずです。

❺光の矢に打たれたとき、あなたの中に湧き上がる気持ちがあるはず。それがあなたと炎の絆になります。あなただけの感覚ですので、これ以上の説明はできません。次からキャンドルと向かい合うときには、この感覚を思い出しながら精神集中すれば、すぐにマジカルな状態に入っていけます。

❻キャンドルの炎を消し、その日は他のトレーニングをしないで静かに休みます。なお、炎を吹き消すというのは、炎と息という、命の象徴同士をぶつけて消してしまうことを意味するので、タブーとされています。キャンドル・スナッファーという専用の道具を使うか、親指と人差し指で、キャンドルの芯を下から上へ、すばやくつまんでしごくようにして消しましょう。

やってはいけないこと

当たり前すぎる話ですが、火をぞんざいに扱ってはいけません。また、魔法のために使うキャンドルは、それ以外のものと混ぜないようにして保存しましょう。

基本の魔法5 キャンドルの炎で占う

キャンドルの炎と絆を結び終えたら、かなりミステリアスな世界に足を踏み入れることができます。体験してみるとわかりますが、これは非常に不思議な感覚の占いで、もやもやと悩み続けていることに、はっきりとしたイエス・ノーの回答を与えてくれます。この世に目に見えるもの以外のパワーが存在していることや、そして何よりも、自分がマジカルな道を歩んでいることが実感できる占いでもあります。

用意する物

普通サイズのキャンドルと、キャンドル立て（耐熱性の小皿でも可）

魔法の手順

❶静かな部屋でキャンドルに点火し、あなたから10センチ以上離れた場所にキャンドルを立てます。

❷簡単な質問を思い浮かべましょう。すると炎が微妙に揺らいだり、細長くなったりという変化を見せ始めます！　いくつかの質問をしているうちに、炎の変化がどんな意味を表しているのか、はっきりと理解できるでしょう。

❸しばらくの間、炎との会話を楽しみましょう。炎の反応が鈍くなってきたら、礼儀正しくお礼を述べて火を消し、占いを終えましょう。

基本の魔法6

オーラを見てパワーストーンを選ぶ

パワーストーンのパワーを利用するという魔法については、もう何の説明もいらないほどポピュラーになっています。ここでは、91ページでせっかくオーラの見方を学んだのですから、実際に石を持ったときに、自分のオーラがどう変化するかを観察して、パワーストーンを選びましょう。そうすることで、いっそう効果が上がるはずです。

参考までに、代表的なパワーストーンの名前と効力などを、以下にあげておきます。

ただし、これらはあくまでも「そういわれている」内容にすぎません。人によっては何も感じなかったり、まったく違った感覚を得ることもあります。あなた自身が実際に手に取り、実験を繰り返して、効果を確認してください。

水晶	優れた浄化力があるとされます。それ以外にも霊的能力、創造力、洞察力といった精神的な力を強化する効果が広くうたわれています。
アメジスト	「酒に酔わない石」などともいわれ、酒神バッカスに捧げられています。宗教的・霊的な効力を発揮し、現代では大人の恋愛成就に効果ありとされています。
ローズクォーツ	持つ人の感情をやわらげ、若々しい活力を与えるとされます。現代では、女性ホルモンの働きを促し、美肌になる、新しい恋愛を引き寄せる、といわれます。

ムーンストーン	古来、身につけると予知能力が高まると考えられてきました。現代では、夫婦の愛を強めるという効果もうたわれています。
ラピス・ラズリ	エジプトでは古代より、普遍の真理と多くの薬効を持つ石として崇《あが》められてきました。現代でも、幸運の守り石として世界中で珍重されています。
ヒスイ	世界中で魔法の石として長く使われており、現在でも、さまざまなデトックスに効果が高いとうたわれています。
琥珀	気持ちを落ち着けてリラックスさせるといわれます。やわらかな布でこすると静電気を帯びるせいか、コミュニケーションに卓効あり、という説も強いようです。
トルマリン	古代から儀式や祈禱《きとう》、占いの道具などに用いられてきた石であり、集中力を高める石として珍重されてきました。

さてさて、これ以外にもまだまだパワーのある不思議な石たちが、簡単に入手できる時代になりました。後はあなたの感性を頼りに、相性のよいものを捜していきましょう。

ただ、あまりにも安くてきれいなものは、原石の粉を接着剤で固めた「リコンストラクション」という偽物だったりしますから、要注意です。

やってはいけないこと

手軽に購入できるし、アクセサリーにもなるし……ということで、どんな悩みでもパワーストーンを持っていれば何とかなるはず！　という中毒状態になる人が、とても多いようです。魔女どころか、人としてこんな依存状態がよくないのは当然です。

占い師として働いていたころ、「パワーストーンを使っていると、ひどく体が重くなるし、気分が沈むので見てほしい」というお客様がいました。

そのお客様がお見えになったとき、私は思わず目をみはりました。その方は、両手、両足、そして首に、ありとあらゆるパワーストーンのアクセサリーを身につけていたのです。そんな状態では体が重いのは当然だし、肩が凝《こ》って気分も沈むでしょう。

このお客様にお話をして、石のパワーが迷走しないように、一度に身につけるのは2種類のパワーストーン・アクセサリーまで、と納得《なっとく》していただくのには時間はかかりませんでしたが、驚いたことに、この方はとても真面目できちんとした女性だったのです。

何個かのパワーストーンを試したときに、あまりにも効果があったので、あとひとつ、もうひとつ……と欲が出て、際限がわからなくなってしまった様子でした。

こうした落とし穴に落ちないよう、あなたもご注意を！

第3章

恋をかなえる魔法

恋愛運が悪いとなげいているあなたへ

「私、恋愛運が悪いんです……」

そういって占いに来る女性は、当然ながらとても多いのです（余談ですが、実際にいちばん多いのは、恋愛ではなく仕事やお金の相談です）。でも、ちょっと待ってください。

恋愛運って、何ですか？

「え～!? 恋愛運っていったら、素敵な相手と出会って、ロマンチックな恋をして、安定した関係を保ちながら交際して、結婚へとゴールイン！ するための運勢でしょ。あなた、魔女で占い師なのに、いったい何をいってるんですか!?」

というのが、この問いに対するごく一般的な反応でしょう。

しかし、こうやって改めて文字にしてみると、恋愛がじつにたくさんの要素で成り立っていることが、だれの目にも明らかになります。出会いのチャンス、恋に落ちるタイミング、関係を維持する対人スキル、両家の親族を納得《なっとく》させる話術、家庭を築く経済力と、膨大な要素が入り組んで、悲喜こもごもの展開を彩るわけです。

ところが、たいていの占いでいわれる「恋愛運」は、このうちのほんの一部、おもに出会いと結婚のあたりだけを指しています。なので、自分の生年月日や名前で占ったときに、恋愛運が悪いと出ても、そんなに気にする必要はありません。

いっぽう、これまでの実体験から「私は恋愛運が悪い」と悩んでいる方もいます。その場合は、①恋愛相手がいないか、②悪い男ばかりに縁があるという、ふたつの悩みに大別されるようです。

①の恋愛相手がいない、あるいは出会えないという悩みですが、これは一見、深刻なものに思えますが、たいていの場合は、かえって幸運なケースが多いのです。

たくさんの女性を占っていると、一度か二度の恋愛で結婚して、問題なく人生を送っている人が、かなりの割合で存在しているのに気がつきます。統計を取ったわけではありませんが、全体の50％くらいはそんな感じかしら？　彼女たちは、女性的な魅力に欠けるとか、性格が悪いといったこともないのに、「なんとなく」恋人ができない状態から「なぜかいきなり」男性と出会って恋愛、結婚へと進行していくのが共通の特徴です。

結論からいえば、こうした女性は、恋愛運に恵まれているのではないでしょうか？　恋愛は楽しいだけではなく、傷ついたり、イライラしたりすることも多いのですし、最終的には多かれ少なかれ、別れの苦悩が待ち構えているのですから。そのうえ、完璧な避妊方法というのはまだありませんから、望まない妊娠の危険も常に抱えていることに。となれば、じっくりと意味のある関係だけを経験できるのは、幸運だと考えるべきでしょう。

そして、②ダメ男とばかり縁があるという女性は……たしかに運が悪いのです。でも恋愛運が悪いというより、このような女性は、仕事や対人関係にもそれなりに問題を抱えていて、そこからの逃避として恋愛を選んでしまう傾向も強いようです。それなのに本人は「いい人に出会いさえすれば、きっとすべてが変わる！　私の人生を救ってくれる男性はどこ!?」と、次の恋を探し回るので、問題のうえに問題を重ね続けてしまいます。

これによく似た問題ですが、仕事がうまくいかないから結婚して専業主婦になりたいという相談が、今でもかなりあります。でも、仕事と結婚というのは別のカテゴリーです。もし、結婚を「永久就職」などと考えるのであれば、あなたは結局、「仕事」として「主婦業」を選択するのであって、愛するパートナーと人生を歩むという、結婚本来の運勢は放棄することになります。

そもそも、「今の現実から逃避するために、男性の助けを求める」という生き方では、真面目な男性を引き寄せられるわけがありません。仕事はイヤで、取り柄もなく、現状からは逃げたい。お金は当然、パートナーの稼ぎをあてにしている……そんな男性とは、だれも交際したくないはずですよね？　なのに、女ならばそのようなダメ状態でも許されるのでしょうか？　答えは明白です。

つまるところ、自立した一人前の男性と出会い、お互いが成長できるようなよい関係を育《はぐく》んでいくには、恋愛以外の生き方がかなりの鍵を握っているのです。それを忘れずに、この章で紹介する魔法を試してみてください。

魅力的な女性になる、**水晶球の瞑想**

実際にステディな女性がいる男性はよく、美女に目がいくのは真実だけれども、それで好きになるわけじゃない、といいます。じゃあ、何が決め手になったの？　と尋ねると、

「あたたかい笑顔かな……？」

と、照れながら答えることがほとんど。というわけで、「魅力的な笑顔」をつくるのにとても効果が高い魔法をお教えします。96ページの「水晶球でビジョンを見る」が、ある程度できることが前提ですが、その練習をしながら、この瞑想をしてもかまいません。

用意する物

直径5センチ以上の水晶球、本物でなくともOKです。詳しくは96ページ参照。

魔法の手順

❶ 1時間以上、ひとり静かに過ごせるときに行います。

❷ ファラオのポーズ（88ページ）で座り、気持ちを落ち着けてから水晶球を眺めましょう。水晶でビジョンを見るときの手順や注意事項（98ページ）を思い出して、力を入れずにリラックスした状態を保ちます。

❸ 画像が見えてきたら、水晶球にこう命じましょう。

「私の顔を見せて」

するとあなたの「顔らしきもの」が見えてくるはずです。

このとき、まず鏡で見たようには映りません。奇妙にゆがんでいたり、大きすぎたり小さすぎたり、あるいは幼すぎたりと、実際の顔とのズレがあるでしょう。

しかしこれが、あなたが第三者に対して与える印象が凝縮された顔なのです。鏡で見る顔と、水晶球に映る顔とのギャップが少なくなればなるほど、あなたの笑顔はあたたかさを増し、一瞬にして人の心をとらえるようになっていきます。

実際の顔と水晶球の顔とがなぜ違うのかについては、「ああ、あのせいだ」と、思い当たる理由があるはずです。その部分を直すように気をつけて生活していくと、だんだんと水晶球に映る自分の顔が、鏡に映る顔に近くなってきます。

それにつれて内面の問題も解決へと近づき、あなたの魅力がさらに高まっていくのです。

一応の目安として、水晶球に映った顔の状態と、内面的な問題の対応リストをあげておきます。これはあくまでも目安なので、自分の感覚を確かめながら使うようにしてください。

そして、内面の問題点を矯正する努力を続けながら、1週間に一度くらいずつ、水晶球に映る自分の顔を観察していきましょう。

顔が幼すぎる、老けすぎている	あなたの精神年齢が実年齢に釣り合っていないために、トラブルが生じています。なお、実年齢よりも若々しいとか、落ち着きがあって頼られるといったポジティブな状態の場合は、こうしたビジョンは現れません。
顔が大きすぎる、小さすぎる	自意識の持ち方に問題があります。
顔の上下のバランスが悪い	家族関係に問題があり、それを抑圧しています。
顔の左右のバランスが悪い	人によって態度を変えすぎることで問題が生じています。
額が違う	自分の知性や記憶をいつわっているために問題が生じています。
目が違う	自分に嘘をつき続けているために問題が生じています。
鼻が違う	人を見下す、逆にへりくだるという極端な態度のために問題が生じています。
口が違う	無神経な発言のために問題が生じています。

出会いをつかむ、**とてもシンプルな魔法**

真面目な生活を送る女性ほど、男性と出会う回数は少ないものです。とはいっても、それは真面目な生活を送っている男性も同じこと。ふらふらと毎日遊び歩いているような男性と出会っても、百害あって一利なしですから、焦ることはありませんが……。

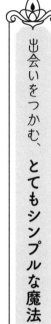

そう、この「焦ることはない」が、出会いをもたらす魔法に最も重要な要素なのです。出会いがほしいばかりに、さほど気乗りしない合コンに出席して、お金と時間と労力の無駄を繰り返したり、びくびくしながらインターネットの怪しげなサイトをのぞいてみたり……こうした焦りからくる行為は、精神的な疲労を深めてあなたの魅力をそぐばかりではなく、「また出会えなかった」というマイナスの積み重ねとなって、自信を失わせるだけです。

なので、出会いをつかむ、とてもシンプルな魔法（でもなんでもないのですが）は、

「気が向かないところに出会いを求めない」で決まり！

あなたが楽しめるところ、何かに打ち込んでいられるところ、あるいは平常心でいられるところ……そのような場所にこそ、出会いを求めましょう。

きっかけをつくる、**パワーストーンの魔法**

あの人が好き、または気になるのだけれど、話しかけるきっかけがない……という距離感の場合に使える魔法です。水という元素は、あなたの感情を穏やかに周囲に広げていくようなパワーを持ちます。そのパワーを借りて、きっかけをつくりましょう。

用意する物

❶ 透明なパワーストーン
　水をイメージできるような青色系のパワーストーンがあればベストですが、ローズクォーツかアメジストでも大丈夫です。

❷ 水

きれいな川の水、湧き水、井戸水のどれかを500ccくらい。それが手に入らない場合は、ミネラルウォーターに活気を与えた水（容器から容器へと2〜3回移し替え、空気を十分に含ませたもの）か、水道の水をしばらく流してから汲んだもののいずれか500ccくらい用意します。水は、ピッチャーか空のペットボトルに入れておくと便利です。

❸ 料理用のボウルなど、水を受けるための大きめの容器

❹ 水色か青緑色の絹の布

事前の準備と注意など

❶ 新月から満月へと移行する期間を選んで実行します。

❷ 事前に身を清めるときは、水の力をより強く取り入れるために、シャワーですませるのではなく必ず入浴しましょう。

❸ できるだけ窓を開けるか、せめて窓際でカーテンを開けて、月の光が差し込む場所で行いましょう。空が曇っていても、雲の上には月が出ているので大丈夫

です。

魔法の手順

❶水を受ける容器の中にパワーストーンを置き、その横に水を置いて、意識の点（83ページ）に精神集中し、気持ちを落ち着けます。

❷意識の点の光が増えてくるのを待ち、もうこれ以上増えないという気持ちになったら、その光を用意した水に移します（移すテクニックは213ページ参照）。このとき、月光も一緒に水に入っていくと想像します。あるいは単に、月光がよく当たるところに水の容器を置いてもいいでしょう。

❸自分の内面の光がすべて水に移動したと感じたら、ひと休みして呼吸を整えます。

❹光が移った水を少し手のひらに受け、用意したパワーストーンにかけながら、「あの人と近づくきっかけがほしい」と、水の元素《エレメント》に訴えましょう。

このとき、「結婚へのきっかけをください」と一足飛びなお願いをしてはいけません。

また、「いつ、どんな場所で、どんなふうに……」という状況設定までお願いするのもタブーです。あなたの想像力という枠から離れたところで宇宙のパワーが働くからこそ、魔法が有効なのです。あくまでも「きっかけ」だけを願いましょう。

❺手のひらに水を受け、それをパワーストーンにかけながらきっかけを願うという作業を、水がなくなるまで繰り返します。こうすることで、あなたの意識と月のパワーが、水を通してパワーストーンに入り込みます。

❻すべての水をかけ終わったら、用意した布でパワーストーンを包みます。絹は精神的な絶縁体なので、これで包んでおけば他の念が入り込む心配はありません。

❼魔法に使った水は、トイレに流したりしないで、植物にあげる、庭にまく、川に流すなどしましょう。あなたと月のパワーが込められた水は、やがて世界に広がり、さまざまな効果を発揮し始めます。

❽パワーストーンは絹の布に包み、ポケットやバッグに入れて持ち歩きましょう。あの人と同席できそうなときや、近くにいられるときなどは、布の中のパワーストーンをじかに握りしめましょう。きっと不思議なチャンスが繰り返し訪れます。

ただし、そこから先はあなたしだい。「チャンスはあったけれど、声をかけられなかった」というのでは、いけません！

あの人をひきつける必殺技！　香りの魔法

香りは、人を無意識のレベルで刺激できるツールです。しかも、通勤電車の中や廊下ですれ違ったときなどの何気ない一瞬に、相手を虜《とりこ》にできる底知れないパワーがありますから、これを有効に使わない手はありません。

ただし、無意識のレベルを刺激するということは、何だかわからないけれど不快だ、という気分を与えてしまう危険もいっぱい。でも、そうした危険が避けられるうえ、男性ならば、ほぼイチコロ！　という究極のフレグランスがあります。それは……ジャジャーン！

石けんの香り！

それも高級な化粧石けんではなく、どこにでもある、ごく普通の白い石けんの香りです。「つまんな〜い！」と、ヒキましたか？　でも、ここでの目的は自分が楽しむことではなく、あの人をひきつけることなのを忘れないでください。

たしかに、石けんの香りがするような女性……という台詞《せりふ》は、使い古されている感がありますす。けれど、これは何も、日本の中年おじさんの決まり文句ではないのです。超有名SF作家のロバート・A・ハインラインも「最高の媚薬は石けんと（それを使うための）水」だと作品中に書き込んでいますし、アメリカ生まれの私の夫も「石けんでいいんだよ、それ以上いらないんだよ」と、強く主張していますよ？

ま、私の夫はともかく、洋の東西を問わず、男性は「石けんの香りがする女性」がお好き。あなたが気になるあの人も、例外ではないはずです。

香りの魔法・第1段階

用意する物は、ごく普通の石けん2個。たったそれだけです！

毎日の入浴やシャワーは、用意した石けんですませましょう。シャンプーも無香性のベビー用などの香りが弱いものを使い、石けんの香りを殺さないようにします。もちろん、香水は身につけないで、化粧品などもできるだけ無香料のものを使います。

入浴に使わないもう1個の石けんは、カッターナイフなどで薄く削り、小さな布袋に詰め、お手製の匂い袋に仕立てて、ポケットなどに忍ばせておくとよいでしょう。けっこう湿りやすいので、複数つくっておくと便利です。

2週間くらいは、この作戦を継続してください。それから第2段階に進みます。

香りの魔法・第2段階

いくら石けんの香りが万能でも、その匂いばかりかいでいると慣れてしまい、ありがたみが薄れていきます。そこで、第1段階が終了したら、彼が好きな香りを加えます。好みの香りがわかっていればそれを使えますが、わからない場合は、次の目安を参考に。

体育会系の男性には

ローズ、ジャスミン、リリーなどのベーシックな花の香り。

できるビジネスマンタイプの男性には

ベーシックな花の香りと、レモンやオレンジなどの柑橘系の香りをミックスしたもの。

インテリタイプの男性には

ローズマリー、ローレル、ペパーミントなどの爽やか系。

草食系の男性には

ミルラ、フランキンセンス、サンダルウッドなどのヘビーな香り。

オタク系の男性には

シナモン、バニラ、ナツメッグなどのお菓子のような香り。

これらの精油（エッセンシャル・オイル）をアルコールで希釈して、香水代わりに使いましょう。精油2に対して、アルコール8の割合で希釈したものをスプレー容器に入れ、よく振れば完成です、アルコールは、ドラッグストアで購入できます。

つけるときのポイントは、ほのかに香る程度を心がけること。そして、3日くらいつけたら、また3日くらいは石けんの香りに戻って、彼の嗅覚が麻痺しないように工夫しましょう。これで彼は、確実にあなたを気になる女性として認識するでしょう。

そのうえで、きちんとした会話でアプローチするのを忘れずに！

思いを伝える、**キャンドルの魔法**

思いを伝えるというと皆さん「愛の告白」ばかりを連想してしまう様子……。でも、実際は、そこまではっきりした意思表示は必要ない、という状況も多いのではないでしょうか。目と目があった瞬間にふと気持ちが通じたとか、なんとなく・なんとなくで結婚まで進展したというカップルは、とてもたくさんいるのです。

ということで、この魔法では「言葉にかぎらず、思いが伝わる」ことを目標にしています。だからといって、まったく何の意思表示もしなくていいというわけではありませんし、電車の中で数回見かけただけ、なんていう相手にまで思いが通じるわけでもありません。ある程度、会話などができている相手に使う魔法です。

用意する物

❶ 10センチ四方くらいの白い紙

❷ 赤いインクのペン

❸ 赤いキャンドル（誕生日のケーキに立てるようなごく小さいもの）

❹ ローズの香りの聖油（ジャスミンやラベンダーでも可）

聖油は、オカルトショップで購入できます。または、少量のオリーブ油かサラダ油に、ローズ、ジャスミン、ラベンダーいずれかの精油を数滴たらしたものでもOK。

❺ 耐熱性の皿（キャンドルを立てるためのもの）

魔法の手順

❶ あの人に会える直前、または前の晩に行います。

❷ 指でキャンドルに聖油を塗ります（こうすることでキャンドルが聖別されます）。

❸ 紙に赤いペンであなたと相手のフルネーム、あなたの生年月日、わかれば相手

の生年月日を書き、その裏に「思いが通じるチャンスをつくって！」などのシンプルな願望を書き込みます。

❹名前・生年月日・願望を書いた紙にもたっぷりと聖油を塗ります。

❺耐熱性の皿に❹の紙をのせ、その上にキャンドルを立てて点火します。

❻キャンドルの炎を見つめながら、リラックスして、思いが通じた瞬間を静止画のようにイメージしましょう。ああなってこうなってと、ストーリーを発展させてはいけません。

❼危険がなければ、キャンドルと紙が燃えつきてしまうまで、イメージを続けます。部屋の環境などからそれが無理な場合は、キャンドルが燃えつきる直前にキャンドル・スナッファーで消火するか、指で芯をすばやくしごいて消火してください。

❽燃えつきた灰や、燃えずに残ったものは、土に埋めるか、地域のルールに従ってゴミとして処分しましょう。

この魔法は短時間、強力に作用しますので、彼に会える直前や前の晩に、そのつど行うと効果的です。この魔法の力で、彼と会っているときに「今だ！」と感じる瞬間が生まれるはずですから、そのときの状況にふさわしいやり方で、自分の気持ちを伝えましょう。「好きです！」と言葉にしなくても、いろいろな伝え方があるのを忘れずに。

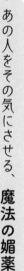

あの人をその気にさせる、**魔法の媚薬**

それなりに気持ちが通じ合っているのだけれど、最後の一線がなかなか……という状況に効く魔法です。「媚薬」と銘打ちましたが、彼が健康上の問題を抱えていないかぎり、本能を刺激するための、いわゆる媚薬は必要ないはず。というのも、一般的に男性は、本能的な欲望を刺激されない女性とは、最初からつきあう気を起こさないからです。

親密な関係になる障害は特に見あたらないのに、一線を越えられない……性的器官に問題があるのでしょうが、その器官はきっと下半身ではありません。人間の最もセクシーな器官は「大脳」なのだと思います。大脳の経験不足で、相手との駆け引きや、微妙なニュアンスが上手に読み取れなくて、ゴーサインが出ないのです。しかもこの器官は、余計な心配までつくり出すという副作用つきですから、待てば待つほどやっかいな状態に……。

でも、そのような大脳の経験不足をカバーする媚薬があります。それは、手料理です。古今東西、彼を部屋に招いてご馳走する手料理は、最上の媚薬なのです。

とはいうものの、料理が苦手な人や、ほとんどしない人もいるでしょう。そこで老婆心ながら、魔法の講義に入る前に、いくつかのアドバイスを。

❶自分は何ができるのか、事前にチェックしてください。パンも自分で焼く、魚も自分でおろす！　などと力まないで、ごく初歩的な料理を一度はしてみましょう。

❷ゆで卵くらいしかできないし、これからもするつもりはないのであれば、この魔法は諦めましょう。デパ地下などでお総菜を買い込めば、急場しのぎはできますが。

❸食べることに興味がない人は、この魔法に向いていません。ごめんなさい。

❹お酒が飲めない人は、ノンアルコールで上手にムードを出しましょう。炭酸水

にレモンの輪切りを浮かべればマティーニっぽく見えますし、グレープジュースにクローブやシナモンなどのスパイスを加えれば、ポートワイン風のドリンクができあがります。

❺自分は実家暮らしなので、彼の部屋でこの魔法を実行したいという人は、できるだけ自宅で下ごしらえをすませ、彼の部屋では盛りつけと温め程度にするのが賢明です。男のひとり暮らしでは、たいした料理器具がないのが普通ですから。ただし、最後の仕上げを電子レンジに任せると、予測不能のイベントが起きやすいので、避けましょう。

では、いよいよ本題に入ります。まずは、料理をするときと食べるときの魔法です。

料理をするときの魔法

何かをかきまぜるときは、まず左に3回かきまぜて「ふたりの間の壁よ、消え去れ！」と心の中で唱え、次に右に3回かきまぜて「ふたりの間に、愛よ流れ込め！」と唱えます。これを1セットにして、すべての料理に呪文をかけておきましょう。

かきまぜる必要のない料理ばかりなら、お茶をつぐときに、急須やポットを回しながら呪文を唱えるといいでしょう。

一緒に食べるときの魔法

料理を一緒に食べるときは、彼が料理に塩・胡椒・醤油などをかけるのを阻止しなければなりません。塩や胡椒を料理にかけると、料理人の魔法が消えてしまうといわれているのです。せっかくあなたが込めた祈りを帳消しにされないよう、きちんと味を整えて食卓に出すこと！　彼がどうしても塩や胡椒をかけたいならば、あなたが笑顔でかけてあげましょう。料理人自身がかけるのであれば、魔法は消えません。

次に、オードブルからデザートまで、それぞれについて魔法のヒントをまとめました。

◆オードブル

チーズや生ハムといった、指でつまめるタイプのものを並べましょう。指で直接食べ物をつまむ行為が、官能を目覚めさせるからです。お酒が飲めるなら、シャンパンやシェリー酒などを少し添えるといいでしょう。安いお酒をたくさん飲むよりは、上質で美味しいものを少し、のほうが本来のリラックス効果を期待できます。覚えておきましょう。

◆メイン料理

基本的にはふたりの好みでよいのですが、ベジタリアンでないかぎり、消化の良い軽めの肉や魚をメインにしましょう。血のしたたるビーフステーキは、セクシーなイメージかもしれませんが、もたれやすいのであまりおすすめできません。

メインの料理には、ワインや日本酒を添えます。ビールなど発砲タイプのお酒は、お腹が張ってしまってロマンスが二の次になりがちですから。

◆デザート

彼が甘党ならば、本物のバニラオイルとシナモンが入ったお菓子を用意しましょう。つくるのが大変だったら、ちょっとお値段の張る洋菓子専門店で購入しておけば、ほぼ間違いありません。バニラもシナモンも愛を促すスパイスです。

添えるコーヒーにもシナモンスティックを立てて、好みのリキュールを落としておけばグッド。もちろん、紅茶にも同じ方法が使えます。

彼が辛党ならば、ここはぐっと大人っぽく食後酒でくつろぎましょう。ブランデーやスコッチが一般的ですが、ここで最高のおすすめは、「グラッパ」というイタリアの蒸溜酒です。強い苦みが独特なこのお酒には、中世から媚薬として珍重されてきた「ルー」というハーブが入っています。きっとプラスαの効果が期待できるでしょう。

私がアドバイスできるのは、ここまでです。どんなふうにグラスを置いて、どんなふうにふたりの唇が触れ合うのかは、ふたりにしかわからないこと。そして、「この魔法をやってみたけれど、彼が全然、反応してくれなかったんです」という人には……、

そんな人、捨ててしまいなさい！

というアドバイスができます。もちろん、彼の体調が悪くなく、料理も成功して、何の邪魔も入らなかったのに、というときにかぎりますが。あなたがこれだけの準備をしたのに、それでも大脳が刺激されない男性なんて、つきあっていても面白くありませんし、セックス以外でもあなたの気持ちをわかってくれないことが多々あるに決まっています！

彼に結婚を決意させる、**魔法の大掃除**

　この魔法は、彼に「結婚してください」という言葉をいわせることではなく、彼に結婚を決意させることを目的に組んでみました。魔法そのものは非常に簡単ですが、じわりと効果を上げていきますので、あなたが結婚を意識したころから始めるといいでしょう。

　最終目標は、あなたが住んでいる部屋あるいは家に「彼のスペース」をつくり上げること。というのも、家はそこに住む女性と密接なつながりを持っており（218ページ）、あなたの家（または部屋）は、あなたを表す器そのものだからです。それをふたり分にしてしまえば、自然にふたりの暮らしが始まるというもの！

「結婚したら新しい部屋を借りるのに？」などと考えなくても大丈夫。あくまでも「あなたの人生」をふたり分に調整し直す魔法なのです。

用意する物

❶ 重曹、クエン酸、石けんなど、環境に優しい洗剤類

❷ 頑固な汚れ用に、一般のクレンザー類を少々

❸ 雑巾《ぞうきん》、掃除機、ハタキなど

❹ ゴミ袋

魔法の手順

この大掃除は、満月から新月の間に行います。たくさんの時間がかかるようなら、新月から満月の間は休んで、次の満月から新月の間に続きをやりましょう。

また、以下の手順には、「捨てる」と「処分する」という言葉が出てきますが、その違いに注意してください。「捨てる」は、運勢的に完全に捨て去ったほうがいいものです。いっぽう「処分する」は、あなたのまわりからはなくしたほうがいいけれど、寄付やリサイクルなどをして、資源の有効活用を心がけてほしいものです。

❶押し入れ、タンス、倉庫

まずは、収納スペースから始めます。中のものをいったん出してホコリを払い、「結婚しても必要な物かどうか」を基準に整理していきます。昔の恋人からのプレゼントや、一緒に写っている写真といったものは遠慮なく捨てましょう。その中に高価な貴金属があってもったいないならば、どこかに寄付するか、売り払って得たお金を寄付しましょう。今、経済的に苦しければ、そのお金を自分のために使ってもいいのですが、食料品や雑貨など、すぐに消費できるものに使って、意識から消し去ってしまうことが肝心です。

「思い出があるから捨てられない」という物が出てきましたか？　でも、思い出はあなたの心の中にあるもので、ホコリまみれの物にくっついているわけではないはず。そう理解できれば、処分できるでしょう。

処分品、廃棄品が決まったら、タンスや押し入れをきれいに拭き清め、中に入れるものもホコリを払うか洗い直して、きちんとしまいます。

❷キッチン

あなたがひとり暮らしならば、次はキッチンです。家族と一緒に暮らしているならば、ここは飛ばして次の手順に進んでください。

備蓄用の食料が入っている棚から缶詰などを全部出して、消費期限をチェック！それをしながら、結婚後の料理などを思い浮かべて整理していきます。これはちょっと……と思ったものは、早く使い切るように。消費期限を過ぎた物は当然、捨てるしかありません。棚を拭き清めて、整理しながら備蓄食料を戻していきます。

次は冷蔵庫。これも同じ基準で整理と掃除をします。食器棚なども同じです。食器はひとつしかないものは処分して、最低でもふたつずつそろうようにしましょう。

❸浴室、トイレ

浴室やトイレも、ふたりが結婚したら……という目線で整理します。彼用のタオルを用意しておくのもいいでしょう。また、彼に見られたくないスキンケア用品や化粧品などは、目につかないところに片づけます。

❹ベッドまわり

アイドルのポスターや写真は、さっさと捨てましょう。ぬいぐるみと一緒に寝ているって？ もちろん、処分、処分！ そして、ベッドにたくさん本を持ち込んでしまう人は多いのですが（私もそのひとりです）、本は本棚に戻して、あなたと彼だけのスペースにつくり替えます。シングルベッドでも、そう考えてスペースをつくり上げましょう。

❺彼のためのスペースづくり

最後に、彼のためのスペースをつくります。といっても、大げさに考えないで、ひきだしひとつを彼のために空けておくだけでもOK。つまり、象徴的に「いつ一緒に住んでも大丈夫」な状態をつくるのです。空けたひきだしの中には、ハッカ脳（ハッカの結晶。ネットなどで購入できます）などを入れておくと、防虫・消毒効果に加え、「ここに物を入れる人（つまり彼）」の性質も浄化してくれます。

このように自分の住まいを掃除して、夫を迎える準備をしておくと、ほぼ数か月以内に彼は結婚を決意するようです。ただし、もっと素敵で、よりあなたにふさわしい男性が劇的に出現してくることも多いのです。そのあたりは運命に任せてみませんか？

ライバルを追い払う、**水晶の魔法**

日本は一夫一妻制ですが、人類の歴史からみてこれがベストな制度なのかどうか、私にはわかりません。魔女としては、「相手を傷つけずに誠実であれ」というルールがあるだけで、それ以外の制限はありません。

パートナーとして絆を結んだ人たちが、みな公平に納得《なっとく》し、満足しているのであれば、一夫多妻、一妻多夫あるいは多夫多妻でもかまわないと思います。もちろん、結婚というスタイルをとらなくたってかまわないでしょう。

でも、不倫はいけません！　宗教や道徳とは関係なく、関係者がみな納得しているわけでも、満足しているわけでもないから「いけない」のです。

私は、「彼を妻から奪いたい！」という女性を応援するつもりは、いっさいありません。なので、この魔法は、まだ恋人になれるかどうか微妙なところで、恋の邪魔をしているライバルを排除したい、という状況に向けてつくってあります。また、夫が不倫中であなたが妻の座を守っているのであれば、この魔法にちょっとプラスαしたバージョンが有効です。詳しくは、この魔法の「ひとこと」を参照してください。

用意する物

❶ 水晶の結晶体。小さな物でよいので、7個用意しましょう。

❷ ライバルの写真を7枚コピーしておきます。写真がなければ、白いメモ用紙を7枚用意しましょう。

❸ 黒いインクのペン

魔法の手順

❶ 満月から新月に向かう期間に行います。

❷ ライバルの写真が手に入った人は、満月の夜に、ライバルの写真の上に水晶をのせて一晩、放置します。写真7枚を並べ、それぞれに水晶を1個ずつ置くと

いいのですが、場所が狭いならば、写真を7枚重ねて一山にし、その上にまとめて水晶をのせます。

❸ライバルの写真ではなく紙を使う人は、7枚すべてに彼女の名前、わかれば生年月日、特徴を書き込みます。「憎たらしい最低女！」などと感情的な内容を書いてはいけません。「ABC大学経済学部・赤い縁の眼鏡」とか「総務課・窓際の席」など、だれでも本人を識別できるような事実を書くのがポイントです。そして満月の夜に、用意した紙の上に水晶をのせて一晩、放置します。

❹❸の手順を行うと、満月の夜のパワーによって、ライバルのエネルギーが水晶に移り込んでいきます。後は翌晩から、窓枠に水晶をひとつずつ置き、かけていく月のパワーでライバルの恋愛力をそぎ落としてもらえばいいのです（適当な窓枠がなければ、ベランダでもOK。要は月の光にさらすことがポイント）。水晶を置くとき、「邪魔しないでね！」などの捨て台詞《ぜりふ》を吐きかけるのも有効でしょう。翌朝までに風などで飛ばされてしまったらそれでよし、朝になっても残っていたら、またその晩の分の水晶と一緒に、窓枠に置きます。水晶がな

くなるまで、もしくは新月になるまでこれを続けます。ライバルは自然と、あなたの恋人への興味を失うでしょう。

❺ 最後の晩までなくならなかった水晶は、まとめてゴミとして捨ててください。

紙に感情的な悪口を書かない理由は、月のパワーが彼女の特徴を減らしていくときに、欠点を減らしてしまわないように、です。だれもがわかる彼女の特徴を減らすことで、いわば「影の薄い」人になっていくように仕向ける魔法なのです。

また、あなたが不倫に悩む妻であれば、彼女から夫へのプレゼントなどを、水晶と一緒に窓枠に置きます。さらに、窓枠の内側には、ハサミかナイフを置いておくのです（万が一、室内に落ちても安全なようにしておきましょう）。

彼女を外に追いやり、かつ家庭に入ってきたら危ないぞ、という意思表示を強く打ち出すためです。

1回の月の周期で効果が出なかったら、次の満月から新月の周期に再チャンレンジしてもかまいません。

きれいにお別れできる、**キャンドルの魔法**

愛し合った時間をお互いの大切な経験として、穏やかに別々の道を歩み始める……。そんな美しい別れができれば理想的ですが、恋愛にかぎらず、人生のほとんどのことは理想と現実が一致しません。

もしも彼がストーカー化してしまったら、警察などの専門機関に一刻も早く助けを求めましょう。まだまだ制度として未完成ですが、救われている人も少なくありません。そしてできれば、ストーカー化する前に、すんなりと新たな人生を歩み始めてくれるように仕向けましょう。終わりつつある恋に執着する気持ちは、愛憎が複雑に絡み合っています。それを断ち切るには、浄化の炎のパワーが適切でしょう。

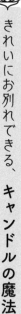

用意する物

❶ 黒または茶色のキャンドル（誕生日ケーキ用の小さいものはＮＧ）
❷ ９本のピンまたは針
❸ 別れたい相手がひとりで写っている写真（コピーでもＯＫ）または10センチ四方の紙
❹ 黒いインクのペン
❺ 聖油（50ccほどのサラダ油かオリーブ油に、ローズマリー、フランキンセンス、サンダルウッドのいずれかの精油を数滴たらしたもの）
❻ 黒い絹の布（必要な人のみ）

魔法の手順

❶ 満月から新月までの期間に、９日間連続で行います。
❷ 相手の写真ではなく10センチ四方の紙を使う人は、そこに相手の氏名と生年月日を書き入れておきます。

❸キャンドルに、指で聖油を塗ります（こうすることでキャンドルが聖別されます）。自分が相手と別れたいと思うようになった理由を思い浮かべながら、塗るといいでしょう。ただし、感情的にならず、事実だけを並べることが大切です。

❹聖油を塗り終わったら、そのキャンドルの上から下まで、等間隔に9本のピンを刺します。落ちないようしっかりと刺しましょう。向こう側まで突き通してもかまいません。

❺相手の写真の上にキャンドルを立てて点火します。

❻意識の点（83ページ）に集中しながら炎を見つめ、「相手との縁を切りたい」と、炎に訴えましょう。やがて、光の矢があなたに向かってきます。その矢を受けとめながら、あなたの中に残っている相手との絆が、炎によって浄化されていくのを感じましょう。

❼1本めのピンまで燃えたら、そのピンをキャンドルから抜いて写真に刺し、その晩は終了します。嫌な感情や憎しみを込めて刺してはいけません。あくまで

も「ふたりの関係はこれで終わった」というマークとして、淡々とした気持ちで刺すのが大切です。

家族と同居している人は、昼間はキャンドルなどを絹の布で覆い、隠しておきましょう。

❽次の晩からは、キャンドルに点火するところから始めて、ピンを刺して終了する過程を繰り返します。

❾９日目にはキャンドルがほぼ燃えつき、９本のピンが刺さった写真が残ります。この写真も、最後の炎を移して燃やしてしまいましょう。

残った灰やピンは、できれば冷たい川に流して、ふたりの関係が「冷えきる」ようにします。それが無理なら、ゴミとしてきちんと分別処理をしましょう。

魔法を行いながら、友達や家族などすべての人に「あの人とは終わった、別れたい」という意思表示をきちんとしましょう。一緒に暮らしていたなら、その家を引き払い、新たな住まいへ移転したほうがいいでしょう。

宇宙は象徴的な行動を好みます。あなたが彼から離れるしるしだと思えることをひとつずつ行っていけば、よりスムーズな別れが実現できるでしょう。

使い魔の力で、**悪縁を切る！**

じつは、悪縁につかまりやすい女性は、恋愛以外でもトラブルを抱えて、苦しんでいることがほとんど。その結果、順調で元気な状態ならば目もくれないような男性であっても、つい頼りたくなってしまうのかもしれません。

だからといって「ほら、そんなことだからダメなのよ！　さっさと縁を切ってしまいなさい！」などと、私はいえません。苦しくて孤独な人間は、本当に弱いのです。改善しなければいけないと、もがけばもがくほど泥沼に深くはまるような状態になっているのです。

でも、そんな女性たちにアドバイスして、今まで失敗したことがない強力な魔法があります。

それは、使い魔を持つこと。使い魔――ファミリアともいいますが、要するに猫、犬、鳥といった、魔女のペットのことです。簡単すぎて拍子抜けするかもしれませんが、効果は保証つき！　アレルギーや住宅規約の問題がなければ、猫、犬、ウサギ、ハムスターといった哺《ほ》乳類が最適です。

使い魔、つまりペットと暮らし始めると、まず「孤独」という最も手強いネガティブ要因から解放されます。そして、ペットの世話をするために、否が応でも毎日の生活に、ある程度の規則性が出てきます。毎朝、一定の時間に起きて、一定の時間に食事を与え、ついでに自分も食事をして、という生活パターンができていく過程で、第二のネガティブ要因である「不規則な生活」からも脱却していきます。

このあたりで、ペットによりよい環境を与えたいからという理由で、仕事もがんばりだして、生活がさらにしゃきん！　としてくる人が多いでしょう。

そして、ペットとの関係が深まるにつれて、彼らの瞳に浮かぶ「無条件の信頼」が読み取れるようになってきます。その信頼や愛情を経験すると、ダメ男が発する「優しい顔で取り入って、利用してやるぜ」オーラが、本当によくわかるようになります。これで最後のネガティブ要因である「間違った相手に頼ってしまう」も解消されていくのです。

その後も、ペットたちはあなたを悪縁から守ってくれます。ダメな男と会った日には、なぜかあなたに寄ってこなかったり、唸《うな》ったりもするでしょう。逆に、あまりピンと来ない相手だけれど、ペットがとてもなつくのでつきあってみたら、すばらしい人だった、という話は枚挙にいとまがありません。

この魔法には、「この子さえいれば、何にもいらないわ」状態になってしまうという副作用があります。たいていのペットは群れで生きる動物ですから、群れが大きくなったほうが彼らも幸福なのです。あなたとペットだけの世界に引きこもらないようにしましょう。

COLUMN

普通のペットでも使い魔の魔法って本当に効くんですか？

という質問をよく受けます。使い魔、というと龍とかコウモリ、あるいは想像上の動物だったり、あるいは不思議な力を持っていたり、というイメージが強いせいもあるでしょうね。歴史的に見ると、魔女や魔術師とされていた人々は集団から離れて暮らしていたので、孤独を慰めて、寒い夜にぬくもりを与えてくれる小動物が必要だったのは想像に難くありません。もちろん当時は、自分たちの食糧を食い荒らすネズミを駆除するためにも、ペットは役に立ったはず。それを魔女を迫害したい側が「使い魔だ」と糾弾し、殺害したりしていただけ。悲しいかな、人間は少しでも社会からはみ出した人に残酷な仕打ちをしてきたものなのです。

今でも多くの魔女たちがペットの猫や犬に魔術的な名前をつけ、愛らしい使い魔として愛情を注いでいます。現代の使い魔の仕事はただひとつ。主人を和ませることだけなのです。

第4章

美と癒しの魔法

魔女の「美」とは、はつらつとした健康美！

きれいはきたない、きたないはきれい……。

これは、シェイクスピアの『マクベス』に出てくる有名な魔女の呪文です。一見、奇妙な言葉ではありますが、たしかによく考えてみれば、見かけ上の美の基準などというものは、歴史の移り変わりにつれて簡単に変わってしまいます。しかも現代では、そのサイクルがどんどん速くなっています。1ミリ単位の眉毛の太さに「去年はきれいだったのに、今年はきたない！」などと大騒ぎするより、魔女としては、もっと全体的な姿勢で「はつらつとした健康美」を目指したいものです。

それはわかっているけれど、そう簡単に「健康」にはなれない……という声も聞こえてくるような気がします。現代に生きる女性は、けっこう多くの持病を抱えているものですし、精神世界に興味を持つ人は特に、さまざまな慢性病に苦しんでいることが多いようです。WHOの定義のように「健康とは身体的・精神的・霊的に完全に良好な云々」などといい出したら、現代人のほとんどは、見事に不健康の烙印《らくいん》を押されてしまうでしょう。

それにだれだって、やがては年をとり、あっちが痛い、こっちが痛いといいながら、それなりに元気に生きていくのでは？

そう、私としてはこの「元気」であることこそが、本当の意味での「健康」だと思うのです。元気という言葉は、もともと宇宙の根源的なパワーを示す気の用語。つまり、宇宙のパワーが心身全体に満ちている状態が「元気」だと解釈できるのではないでしょうか？

身体のどこかが痛かったり、不自由だったり、あるいはずっと薬を飲まねばならなかったりする人にも、宇宙のパワーは平等に降り注いでいます。それをしっかりと活用して無駄にしない生き方が「元気」で「健康」な状態をつくり出していくのでしょう。

そんな「はつらつとした元気＝健康美」には、基本中の基本であるバランスのよい食生活が、大きな役割を果たすように感じます。心理的に充実した日々を送っていても、いくら十分に睡眠をとっても、肉体が適切な栄養で維持されていなければ、「ガス欠」状態になってしまうだけ……。私たちの肉体は、単にこの世で何らかの行動をするための道具なのではなく、心や魂を守り育てるための「神殿」でもあるのです。神殿が堅固でよく機能していれば、魂も安らいで健《すこ》やかに光り輝き、その輝きが本当のあなたの「美しさ」の基盤になっていきます。

そんな良好なサイクルをつくり出すために、さあ、まずはきちんと食べましょう！

キレイになる魔女の料理術、3つの心得

最初にいってしまうと、まったく料理をしない魔女も、じつはけっこう存在しています。ナッツやフルーツ、ヨーグルトやチーズ、それに買ってきたパンなどで食事をすませてしまうのです。逆に、自分で粉をひいてパンを焼き、自家菜園で収穫した果

実でジャムをつくるところから始める魔女もいます。

どんな場合も、マジカルな食事の基本は次の3点です。

❶その土地で取れた旬のものを中心に、腹八分目を心がける。

こういう食事に切り替えただけで、健康的に痩せられた人はとても多いのです。都市部に住んでいても、案外、家庭菜園でできた野菜を販売している場所があるはず。そうした食材を有効に利用するようにしましょう。

❷電子レンジだけで調理を終えるのは、できるだけやめる。

電子レンジを使うと、食品に電気、つまり天王星の「変化」のパワーが与えられます。でも、それだけではパワーが偏り、毎日が予測不可能なイベントだらけになりがちです。

昔から竈《かまど》の火は家庭の守り神であり、女性の権利やパワーの象徴でした。だから、面倒でもちょっと火を使う料理をすれば、あなたの母、妻、そして恋人としての地位が安定しますし、何よりも自分に自信が出てきます。だから、今日はサラダだけというときも、お茶だけはやかんで沸かしたお湯で入れるといった工夫で、火の力を取り入れましょう。

なお、電子レンジと同じ理由で、ＩＨ調理器だけを使っての料理も、魔術的にはおすすめできません。

❸できるだけ規則的に食事を取る。

私たちは、規則正しく動く地球の一部です。なので、その規則正しい波に乗ったほうが、楽に生きられるのは当然かも？　1日2食派でも3食派でもかまいませんが、食事時間が一定であるほど、運勢も精神も安定してきます。

私の勝手な思い込みでは、魔女のクッキングはやはり大釜&大鍋料理につきる！なのです。昔も今も、魔女に共通しているのは「忙しい」こと。そんな魔女には、適当な野菜と肉を大きな鍋に入れて、弱火にかけておけばできてしまうような料理がとても便利です。洋風のスープならば、コンビニで買ってきたサンドイッチに添えるだけで、ぐっと食事がグレードアップしますし、「火」のパワーを手軽に取り入れることもできます。それは和風の豚汁やけんちん汁でも同様です。

絵本に出てくる魔女のおばあさんは、よく竈にかけた大釜をかきまぜています。私にはその姿が、中世の貧しい老婆が、何とか家族に温かくておいしい食事を、と知恵を絞って料理をしている姿にしか見えないのです……。

苦しくない、**魔法のダイエット**

1週間後に水着を着るから、それまでに2キロ痩せたいの！　などと、人生全体から見たらとっても無意味な理由で無茶なダイエットをして、お肌はがさがさ&体重はリバウンドで恐ろしいことに……という経験は、女性ならばだれでも一度くらいはあるでしょう。でも、健康的な体重でいたほうがいいのは確かですし、忙しくて運動の時間などとれないという人のために、魔女流・短期断食術をご紹介します。

この断食をするときは、必ず次の注意事項を守ってください。

❶ 断食中は、できるだけカフェインの摂取を避けてください。カフェイン飲料を飲むと、体調のリセット効果が低くなるからです。日ごろカフェイン中毒ぎみで、カフェインが抜けると頭痛がするという人は、午前中に1杯だけ、砂糖抜

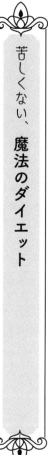

きの紅茶、コーヒー、緑茶などをとるようにしましょう。

❷断食中は、アルコールとタバコをやめましょう。タバコがどうしても手放せないという人も、最低限にしてください。

❸妊娠中、生理中、病気療養中の人は、必ず医師の指導のもとで行うこと。

❹断食の最中よりも復食後のメニューが大切です。いきなり大食いをしたりすると、救急車を呼ぶはめになります！

❺断食中は、過激な運動を避け、静かに過ごしましょう。

では、具体的な方法を説明しましょう。これは、週末を利用して行える手軽な断食です。1日目を金曜日にすれば、金土日の3日間で実行できます。週末がお休みではない人は、自分のスケジュールに合わせて日程を組んでください。

なお、この短期断食を繰り返すときは、最低でも2週間、間をあけましょう。

1日目

朝

普通に食べます。

昼

軽めにします。和食など、油の少ないあっさりしたメニューを選ぶこと。

夜

オートミールか、白粥に薄く味つけしたものを茶碗1杯ほど食べ、野菜ジュース、トマトジュース、100％の果物ジュースなどを250㏄ほど飲みます。それ以外は、砂糖の入っていないハーブティーやミネラルウォーターなどを自由に飲んでかまいません。なお、パンには脂肪分が含まれているので、この期間中は避けましょう。

2日目

朝

野菜ジュース、トマトジュース、100％の果物ジュースなどを250㏄ほど。それ以外は好きな水分を取ります。

昼

水分だけで過ごします。

夜

ジュースと水分をとります。身体が冷えやすくなっているので、できるだけ温かい水分をとりましょう。

3日目

朝

白粥またはオートミールと、ジュースをとります。

昼

白粥またはオートミールと、ジュースをとるのは朝と同じですが、ここに消化のよい白身魚と、薄味で煮た野菜を加えましょう。

夜

脂肪分の少ない軽い食事に戻します。これで短期断食は終了です。

ひとこと

じつは、この程度の断食で劇的に体重が減ることはありません。しかしながら、美容と健康のためにプラスになることがたくさんあります。

❶濃い味、人工的な味に慣れすぎていた味覚がリセットされます。

❷体本来の栄養摂取リズムが取り戻せるので、無駄食い、つまみ食いがやめられます。

❸消化器官の感覚がリセットされるので、適量の食事で満足感が得られます。

❹こうした効果があるので、長期的には徐々に体重が減り、リバウンドしにくいのです。

理想のスタイルになる究極技！「タラレバ」卒業の魔法

昔からいわれている、シンプルですが究極の魔法です。その方法はズバリ！

❶ 痩せたら着ようと思っている服を全部処分する！

❷ 今のあなたに似合う服をそろえる！

この2点セットが最高に効果的なのです。いろいろなダイエット本にも「理由はわからないけれど、効果がある！」と紹介されているテクニックですね。私はこれを「タラレバ」卒業の魔法と名づけています。「タラレバ」というのは、

「あの大学に合格していたら、もっと素敵な男性にめぐりあえたはず……」

「彼が私に告白してくれれば、うまくいったのに……」

など、もっともらしいように聞こえるけれど、よく考えてみると何の根拠もない仮定のこと。占い師の業界用語でもあります。このタラレバの沼にはまってしまうと、現実を見ないで「〜だったらよかった」「〜になれれば、大丈夫」という自己正当化のスパイラルに入ってしまって、現実的な行動が何も起こせなくなってしまうのです。

だから、痩せたら着られる服、というタラレバ・スパイラルの元凶を処分して、現実の自分と向き合いましょう。今は、ぽっちゃりさん用の可愛らしいファッションもそこそこのお値段でそろいますし、きちんと身なりを整えれば、だれだって魅力的です。現実に向き合い、自分にちょっと自信が持てれば、最適な体型に近づいていくのです。

ストレスから解放される、ハーブ・バスの魔法

心身の疲労は、女性の美を損なう原因の最たるものといってもいいでしょう。疲労回復にいちばん必要なのは「休養」です。そんなことはだれでもわかっているはずなのですが、忙しくて休む時間が取れなかったり、やっと横になったと思っても、疲れすぎて寝つけなかったり。もう朝か、と恨めしい気分で重たい身体を引きずって起きる……。そんな毎日に悩む女性は、非常に多いと思います。

その理由は、仕事のストレス、対人関係のストレス、家族とのストレス、苦しい家計のストレス、情報過多によるストレス、ストレス、ストレス……きりがないですね。疲れが取れなくて当たり前！　という感じです。

さらに、こうした自覚できるストレス以外にも、たくさんの人に囲まれた都市生活者であれば、「人の顔を識別する」という無意識レベルでの大脳の疲れ（興奮）が加

わります。

人間も動物ですから、同種の生き物と向かい合ったら瞬時に敵味方を判別し、無駄な敵対行動などを取らずにすませる機能が備わっているのですが、いかんせん大都市では、人の数が多すぎて、無駄を避けるどころか、逆に疲労がトッピングされてしまいます。

しかも、これは「無意識」の機能ですから、気づかないうちに疲労を蓄積させがちなのです。

自然の中に行くと心身が休まるというのは、この機能がオフになるからです。

ということで、リラックスの基本中の基本は、大脳の興奮を静め、効果的な休息を取ること。まず手始めに、日ごろからカフェイン飲料を控え、最低でも午後は飲まないように努力してください。これで少しは、リラックスへの道のりが短くなります。

ただし、よくある「デ・カフェ飲料」には頼らないこと。カフェインがカットされてはいますが、ゼロではありませんし、添加物なども多くなりがちですから。

また、もしも体調不良や精神的な不調が長く続くようならば、魔女術だけでどうにかしようなどと思わないで、しっかりと医師の診断を受けてください。そのうえで魔法を使うという現実的な対応をすれば、よりスムーズな回復が望めるでしょう。

用意する物

❶ リラックス系の精油。ラベンダー、ローズ、ネロリ（ビター・オレンジ）、レモングラスあたりがおすすめですが、自分の好みにも合わせて自由に選びましょう。ただ、ローズマリーなど、刺激と覚醒の作用が強いものは、リラックスにはあまり向きません。

❷ 少量のアルコールか牛乳

❸ 精油とアルコール（または牛乳）を混ぜ合わせる小さな容器

魔法の手順

用意した精油15滴と、同量くらいのアルコール（または牛乳）を容器に入れ、フタをしてシャカシャカと振ります。よく混ざったら、容器の中身をバスタブにそそぎ入れ、ゆっくりと入浴タイムを楽しみます。

なお、ヒノキ風呂など木の浴槽だと、木に香りがしみこんでしまうので、ハーブ・バスはおすすめできません。そのようなときは、熱いお湯をはったボウルに、精油とアルコールを混ぜ合わせた物を入れ、浴室に持ち込んで蒸気浴を楽しむのも一興です。

ハーブ・バスを楽しんだ後は、本でも読んでゆったりと過ごしましょう。せっかくリラックスしたのに、スプラッター映画を見たり、恋人と喧嘩をしたりしては台なしです。
また、ドライハーブがたくさん手に入ったときは、ひとつかみのハーブをダシ用の紙パックか木綿の袋に入れ、1リットルくらいの熱湯で5分以上煮出してから、煮出したお湯ごとバスタブに入れるという方法もあります。

心の傷をそっと癒す、**香りの魔法**

驚くほどたくさんの女性が、笑顔の下に深く傷ついた心を押し隠して生きている……占いをしていると、本当にそう感じます。DV、レイプ、セクハラ、虐待の記憶。あるいは、家族の平和を守るために沈黙を通した忌《い》まわしい事件。数え上げたらきりがありません。男女平等とはいっても、まだまだ女性であるがゆえにこうむる不利益は多いのです。

傷の種類はさまざまでも、その痛みが長い時間を経てもいっこうに薄まらない、あるいは時間がたつほどに深くなっていくことは、おそらく共通しているでしょう。

このような傷は、その傷をつけた相手への憎しみを生むだけではなく、事件を避けられなかった自分を責める気持ちを生みます。そのために自己評価が低くなったり、慢性的に物事がうまくいかない遠因となることさえあります。

こうしたトラウマに対して、「相手を許せば自分も楽になる」といった解決策が提案されるようですが、自分をそこまで傷つけた相手を許すなんて、できるわけない！というのが正直なところでは？　そんなきれいごとではなく、とにかくあなた自身の傷の痛みを少しでもやわらげ、自分を責める悪循環から脱出するには、ここで紹介する香りの魔法と、次に紹介するキャンドルの魔法がとても有効です。

香りの魔法は、特定の香りが、特定の心理的苦痛をやわらげるという効果を利用するものですが、自分の気持ちや好みと相談しながら、自由に香りを選んでみるとよいでしょう。参考までに香りのリストをあげておきますが、実際に試したときに、自分にとって効果がある香りならば何でもいいのです。

なお、不思議なことに、これらをブレンドすると効果がなくなってしまうようなので、いろいろな香りを交替で使うのがおすすめです。

【哀しみ】　レモンやオレンジなどの柑橘類、タマネギ、ラベンダー
【怒り】　シダー、サンダルウッド、フランキンセンス、サイプレス

【いてもたってもいられない感覚】　ローズマリー、ユーカリ、ラベンダー
【不安感】　ラベンダー、タイム、マージョラム
【抑鬱《うつ》感】　カモミール、タイム、ラベンダー、シナモン
【無力感】　クローブ、バジル、ローズマリー、ナツメッグ

基本的に、あなたの寝室でこの香りを使います。アロマポットなどを使ってもいいですし、枕元に精油を垂らした小皿を置いたり、該当の植物そのものを置くのでも大丈夫です。香りに包まれての睡眠が、少しずつ無理なく、傷を癒していってくれるはずです。

外出先でも傷の記憶に苦しむようなことが多いならば、自分の症状に合ったハーブで匂い袋をつくり、持ち歩くといいでしょう。

光の矢に癒される、**キャンドルの瞑想**

とりあえずの苦痛は何とかごまかせても、自分の内側をのぞくと、なまなましい傷口が開いている……そんな気持ちを抱く人もいるでしょう。そのような場合におすすめの瞑想です。先に紹介した香りの魔法と併用しても大丈夫です。

この瞑想は、「毎日必ずやる」といったルールで自分を縛らず、何となくその気になったから、というときに取り組むのがいちばん効果的です。

また、この瞑想は、106ページでご紹介したキャンドルとの絆ができていることが前提です。まだ絆ができていない人は、少し練習してから実際の瞑想に入ってください。

用意する物

安定感のある大きめのキャンドル。色は問いません。

魔法の手順

❶ ひとりで1時間以上、静かにしていられるときに実行してください。

❷ 安全な場所にキャンドルを置いたら、ファラオのポーズ（88ページ）で座り、光の矢が自分に向かって飛んでくるのを待ちます。

❸ 光の矢が飛んできたら、何も考えずにそのまま矢を感じ取りましょう。

❹ しばらく矢を受けとめていると、泣きたくなってきたり、眠くなってきたり、気持ちが楽になってきたり、という変化が起きてきます。

❺ 眠くなってきた場合は、早めにキャンドルを消して、少しウトウトしたほうが安全です。それ以外の感覚は、不快でないかぎり、存分に味わいましょう。それは火のエレメントの癒しです。泣きたくなったら涙を流し、叫びたくなったら叫んでください。光の矢が来なくなるまで、押し殺していた気持ちを存分に解放してください。

❻この瞑想を何度か繰り返すうちに、光の矢が心地よく気楽に感じられることが多くなり、それとともに傷が薄らいでいきます。

瞑想中に苦しくなったら、すぐに目を閉じて、意識の点に精神集中しましょう。そこにはあなたの芯があって、何があってもその芯だけは、汚れることも傷つくこともないのです。意識の点に精神集中して、そこの光を感じて落ち着いたら、瞑想を再開してもいいですし、その日は中止してもいいでしょう。無理をすることはありません。

光の矢による癒しを気楽に受けられるようになって、さらに先へ進みたくなったら、次のような方法もあります。もちろん、進みたい人だけが実行すればいいのです。実行してみて苦しくなったら、光の矢のときと同じように、意識の点に戻れば大丈夫です。

少しディープな瞑想の手順

❶光の矢を受けてくつろいだら、キャンドルの炎に、自分の苦しかった思い出を見せてみましょう。嫌な思い出を再現する必要はありません。こんな気持ち、ということを色や形のイメージで思い浮かべればいいのです。汚いイガイガの球体だったり、大きなハエのような生き物だったり……。あなたの脳裏にふっと浮かんだイメージでいいのです。

❷少しの間、キャンドルの炎と自分の間に、苦しかった思い出のイメージを浮かべておきます。すると、そのイメージが光の矢で穴だらけになったり、炎が燃え移って灰になってしまったり、という変化が起きてきます。

❸❷の状況を観察したら、また光の矢を浴びてリラックスしましょう。だんだんとあなたの傷も、火で浄化されていきます。

この瞑想は、気軽に何度でも繰り返しましょう。キャンドルの炎を見るのが好き、くらいでいいのです。一度にがんばりすぎないこと！

代替療法とスピリチュアル・ヒーリングへの苦言

昔ながらの魔女の健康増進法や治療法は、現代にもたくさん伝わっています。しかし、今ではもっと効果的な治療法がたくさん研究されているのです。病院で検査を受け、抗生物質を処方されれば1週間で治る肺炎なのに、ルチルクォーツを持たせて、ブレンドしたハーブの吸入を繰り返して……というのは、賢明なこととは思えません。悪化する危険が多いうえに、看病する家族も疲れてしまうからです。

たしかに、西洋医学とそれを取り巻く現代の医療体制には、多くの問題点があります。そのせいか、西洋医学よりは漢方やアロマセラピーなどの代替療法がいい、副作用が少なく、体にやさしいはずだ、という主張が高まっているようにも思います。しかし、その結果、安易に代替療法に頼って多くの命が危険にさらされるという事件も起きています。

発展途上国では、貧しくて抗生物質が買えず、伝統的な医療だけに頼らざるをえなくて命を落とす子供がいるというのに、先進国では、それを拒否して死んでいく金持ちの大人がいるというのは、何という皮肉でしょうか……。

私自身の独断と偏見では、代替療法は西洋医学とタッグを組んだときがいちばん効果的だと考えています。それと同時に、代替療法の中でも確実なデータが集まりつつある、アロマセラピー、漢方治療、鍼灸《しんきゅう》治療、カイロプラクティックなどは、どれもきちんとした教育と訓練を受けた専門家から施術されるべきものです。魔女が自宅で行う治療法は、あくまでも身体を休めて回復力を上げる、というレベルにとどまっているべきでしょう。

そして、ここから先は、代替療法よりもはるかに困った現象が起きている「スピリチュアル・ヒーリング」への苦言です。

魔女として活動しているグループの中には「女神への祈りで病気は治る」という主張をしている人たちがいます。それはそれで、その人たちにとっての真実なので、批判する気はありません。ただ私は、このような魔女にかぎらず、いわゆる「スピリチュアル・ヒーリング」を実践しているグループは、その行動を外部の人間にも向けるならば、かなりの問題があるだろうと危惧《きぐ》しています。

私は、魔女術は「実践的な生活術」であるべきだと考えています。そして、自分自身の闘病体験などからも、「本当に祈りだけで治るのなら、薬がこれほど発達するわけはない！」とも思うのです。私がまた倒れるようなことがあったら、だらだら祈ったりしないで、さっさと病院に運んでほしい、とも思います。

昔の「村の魔女」たちは、「神に祈り、免罪符を購入すれば病気は治る」と主張するキリスト教会を鼻で笑いながら、ハーブで調剤し、傷を縫って治療を行っていました。それが「悪魔の仕業《しわざ》だ」と批判される危険を知りながらも、現実的な治療を施したのです。

その現実的な治療は、現代では医師の手に渡っています。それを否定して、「クリスタル・ヒーリング」や「遠隔ヒーリング」といった半端なスピリチュアル・ヒーリングをすることは、かつて教会が犯したおろかな過ちを、今度は魔女が繰り返すことに他ならないといえるでしょう。

また、そうしたスピリチュアル・ヒーリングが、心の奥底で病院に行くのを怖がっている人々に気休めを与え、現代医学の助けから遠ざけている現状は、憂《うれ》うべきです。

適切な医学的治療にプラスする形でならば、祈りも遠隔ヒーリングもクリスタルも、それなりにいいでしょう。でも私は、遠隔ヒーリングをするくらいなら、苦しんでいる人のそばに行ってできるだけのことをしてあげたいと思います。そばにいて悩みを聞いたり、あるいは看病している家族に食事を差し入れたりして。そばに行けなくても、せめてメールや花を贈ることくらいはできるでしょう。

そのように実際的な行動をするのが、昔ながらの魔女の作法だと思うのです。そして何よりも、遠く離れた場所からエネルギーを送るくらいで「何かをしてあげた」という自己満足にあぐらをかきたくはありません。

心身は一体です。だからこそ、心だけを癒して、体は放置しておくことがいいはずはありません。これが私のスピリチュアル・ヒーリングに対するスタンスです。

COLUMN

魔女的な視点で見た人工妊娠中絶やワクチン接種は？

これはかなり私自身の見解が入っていますが、ディアドラの家に行って、最初に彼女に質問して、討論したことでもあります。

まずワクチン接種に関しては、できるかぎりするべきだと考えています。「代替療法とスピリチュアル・ヒーリングへの苦言」でも述べた通り、魔女というのは合理的な考え方をするもの。ハーブの使用だって、昔は先端技術だったことも考えれば、現代の最先端科学の恩恵を受けないのはもったいないと思います。副作用のない療法なんて、存在しませんし、デマ情報に振り回されるのも馬鹿げていますから。

人工妊娠中絶は人の命を断つことになるのでは？　という難しい問題ですね。でも伝統的な魔女の術とされる産婆術には、中絶も新生児の間引きも含まれていたことは無視できません。完全な避妊法が発見されるまでは、悲しい手術ではあっても、必要だと考えています。

第5章

お金と開運の魔法

宝くじに当たる魔法って……？

お金や開運に関する話になると、必ず出てくるのが「宝くじに当たる魔法を教えてください」というリクエストです。そんな魔法があったら、真っ先に私が実行して、今ごろは大金持ち、のはずなのですが……。

魔女の魔法は、必ず本人の努力が前提になっています。宝くじに当たるための努力というものはありえないので――売り場に並ぶのは別に努力じゃありませんから！――結果的に、魔法を組み立てることもできないのです。

たいていの人が、自分にはお金がもっと必要だと思っています。そして、現状に対するさまざまな不満を「だって、そんなことに使えるお金がないから」というひとことに集約してしまいます。こういわれると、話を聞いている人も、金銭的援助はおいそれとはできませんから、「仕方がないね」と返すしかなく、問題はいっこうに改善されないのです。

でも本当に「お金がないから」ダメなのでしょうか？

以前、ある主婦が必死の形相《ぎょうそう》で「4000万円以上のお金がどうしても必要なんです！だから宝くじに当たる魔法を教えてください！」と、私に詰め寄ってきたことがありました。どうしてその金額が必要なのかと尋ねても、「とにかく必要なんです」の一点張り。

数杯のハーブティーの後、やっとわかった真実は、
彼女には、アレルギーのひどい、幼い息子がいる。

今住んでいる社宅は、消毒薬や殺虫剤の噴霧が定期的にあり、そのたびに息子が苦しむ。

だから、何とか一軒家に引っ越して、楽にしてやりたい。

でも、その家でシックハウスなどになったら、よけいにかわいそう！

体に優しい家の費用を調べたら、最低でも4000万円必要だった！

「いろいろな事情で資金はないけれど、子供を早く楽にしてあげたい」と泣く彼女は、「問題は4000万円ではないですね」と私がいうと、烈火のごとく怒り出しました。でも、それを制して私は続けました。

「つまり、お子さんがアレルギーで苦しまなくなるのが最重要課題で、その次に、アレルギーに悩まないですむ住宅環境が必要なのですよね？　それが達成されることが肝心であって、4000万円はあくまでもひとつの手段にすぎません。他の手段で達成できるのであれば、別に4000万円はどうでもいいはずです」

私のその言葉に、「母親の気持ちがわからないのか」「そうやっていいくるめて、あざ笑う気か」などと、またひとしきり大騒ぎ。このあたりでお帰り願いたいと思ったのですが、苦しんでいるお子さんはかわいそうなので、もう一度、説得してみました。

「4000万円を自分のために使いたいわけではないのですから、お子さんが治るか軽快することと、安心して暮らせる家を手に入れるという目標に集中してみませんか？」

彼女は不満で仕方がないようでしたが、一緒に来ていた娘さんには、私のいうことがご理解いただけたようでした。そこで、アレルギーにより詳しい医師に出会えるような魔法と、人体に優しい住宅にめぐりあう魔法を、娘さんと一緒に考えてみました。

その数か月後。息子さんは、転院先のアレルギー専門医のおかげで、かなり症状が軽くなったと、娘さんが報告に来てくれました。そして、地域のボランティアで知り合った人のつてで、古民家を修繕しながら暮らすというプロジェクトに家族で参加。結果的に、シックハウスの心配がない古民家に移住できた、とのことでした。

これですべてが丸く収まって万々歳！　のはずなのですが、4000万円にこだわっていた女性本人は、そのときもまだ「これじゃだめ、やっぱり4000万円が必要なのよ！」と、宝くじやロトを買い続け、毎日毎日お金がないといい続け……すっかり家庭内でも孤立してしまったという、哀しい結果もついていました。

お金は、あくまでも願望や目標を達成するための「手段のひとつ」にすぎません。でも、とてもたくさんの人が、「手段」を「最終目的」と勘違いして、この女性のような思い込みにハマっているのではないでしょうか。

ですから、もしあなたが「お金がほしい」「開運したい」と思うならば、お金や運気を招いて最終的に何がしたいのかなどを、まず明確にしてはどうでしょう。そうすれば状況と気持ちの整理ができますから、現実的な対処法が見えてくるはずですし、きっと今の自分にいちばん効果的な魔法を選ぶこともできるでしょう。

適職を見つける、ダウジングの魔法

お金だけをダイレクトに運んでくる魔法は、残念ながら存在しません。お金とはいわば、宇宙を流れるパワーを俗化したようなもの。パワーというものは、どんなものにせよ、流れる道がなければ、あなたのもとには届かないのです。

そして、お金が流れてくる道をつくるには、やはり仕事がいちばん妥当です。また、自分の性格や才能に合った仕事をしたほうが、トラブルも少なくて効率的なのです。

「才能」という言葉を使うと、とかくアーティスティックな職業を連想しがちですし、実際「もっとクリエイティブな職業に就きたい」といった相談も多く寄せられます。

けれど、当たり前すぎる話ですが、世の中は、「クリエイティブ」な職業ばかりで成り立っているわけではありません。昔から「御輿《みこし》に乗る人、担《かつ》ぐ人、そのまた御輿をつくる人」といわれるように、各自がいろいろな持ち場で実力を発揮してこそ、社会がスムーズに動いていくのです。もうひとこと付け加えるならば、一般的にクリエイティブといわれる職業は競争も激しいのみならず、案外、収入も低いのが現実です。

自分が得意なことを仕事にして、それに打ち込めば、そこから生み出されたパワーが、めぐりめぐって社会を動かすエネルギーとなります。その社会でたくさんの人が生まれ、生きていく……それ自体がクリエイティブな活動ではないでしょうか？　だから、目先の仕事の内容にこだわらずに、自分ができること、得意なことに従事するべきです。

とはいっても、自分の得意なことが何なのかは、なかなかわかりにくいもの。そこであなたの潜在意識に、ダイレクトに尋ねてみましょう。

用意する物

❶ ダウジング用のペンジュラム。自分でつくる場合は１００ページ参照。

❷ Ａ４程度の紙

❸ 筆記用具
❹ 半円チャートを描くためのコンパス、定規、分度器

魔法の手順

❶ 潜在意識とコンタクトしやすい満月か新月の夜に実行します。
❷ 用意した紙に、半径12センチ以上の半円を描きましょう（206ページ参照）。半円を描いたときの中心点が、ペンジュラムの基点となります。
❸ あなたが選択肢として考えている職業や会社の数だけ、半円を等分割して、そこに職業名もしくは会社名などを書き込みましょう。
❹ ペンジュラムを基点に合わせていったん静止させ、
「私の適職は何？」

と尋ねて、動きを見守りましょう。どう動くかはその人によりますが、あなたが必ず納得《なっとく》できるような、あるいは、なるほどと思い当たるような動きを見せるはずです。

ひとこと

選択肢が明確になっていない場合は、漠然とした内容から始めてもいいのです。極端な話、「会社勤め」と「芸術家」の2分割でスタートしてもかまいません。そして、ペンジュラムが芸術家のほうに動いたら、次は「ミュージシャン」「画家」「俳優」「詩人」と4分割した半円チャートで試すなど、自分なりに工夫して、具体化していきましょう。

もちろん、いくつかの企業を半円チャートに書き込んで、どこがいいかを調べたり、大学で何を専攻をすればいいかといった悩みなどにも広く応用できます。

半円チャートのつくり方

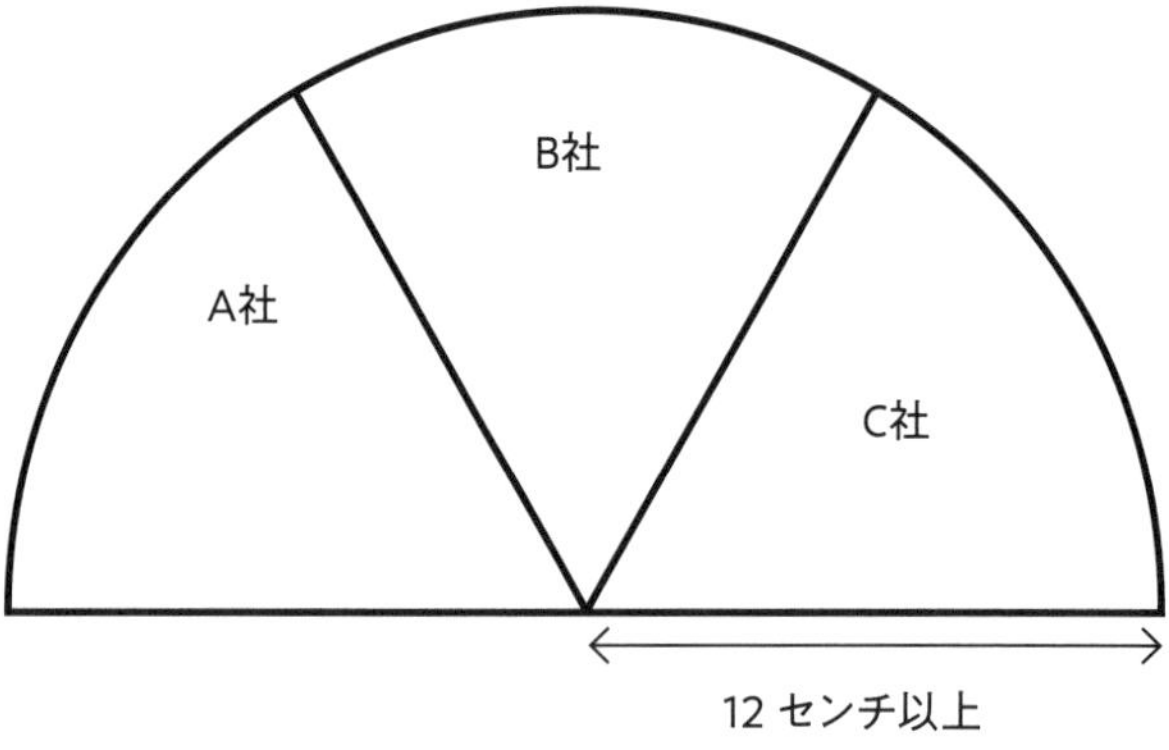

用意した紙に半径12センチ以上の半円を描いたら、選択肢の数に合わせて半円を等分割し、それぞれに選択肢を書き込みます（上図は、選択肢としてA社、B社、C社の3つがある場合の半円チャートです）。半円を描いたときの中心点にペンジュラムを合わせ、質問をして、ペンジュラムの動きを観察しましょう。

いい仕事に就く、**キャンドルの魔法**

ダウジングで適職を見つけても、「いい仕事」に就けるとはかぎりません。たとえば、介護職に適性が合ったとしても、現在のように低賃金が問題になっているときでは、慎重に職場を選ぶ必要があります。

また、適性はわかったけれど、いったいそれがどんな職業になるの⁉︎と、頭を抱えてしまった人もいるでしょうし、適職に就けると思って就職した会社で、まったく別の部署に配置されてしまったということも……。そこで、この魔法です。

キャンドルを用意しますが、1週間くらい続けて使えるような大きさか、逆に一晩で燃えつきるような小さな物か、自分のスケジュールや好みに合わせて選びましょう。

なお、火の元素《エレメント》は強力ですが、プライドも高い存在です。効き目が出ないように感じても、3か月ほどは様子を見ること。それでも効果が実感できなければ、魔法をもう一度繰り返してもいいでしょう。

用意する物

❶キャンドル（できればロイヤルブルーか紫色がよい）
❷キャンドルを立てる、耐熱性の皿
❸10センチ四方くらいの紙（できればロイヤルブルーか紫色がよい）
❹筆記用具
❺マッチ
❻聖油（オカルトショップで購入できますが、少量のオリーブ油かサラダ油にシダーの精油を数滴たらせば自分でつくれます）

魔法の手順

❶新月から満月に向かう期間に行います。
❷用意した紙に、自分の氏名と生年月日を書き込み、その裏に願望を簡潔に記し

ます。

たとえば、以下のような感じです。

「介護職として、適切な報酬を得られる職場に就職したい」

「自分の適性に合った職業に就きたい」

「自分の適性に合った部署に異動したい」

❸書き終えた紙を皿の上に置き、キャンドルに指で聖油を塗ります。このとき、自分の願望に気持ちを集中しましょう。案外これが難しいのですが、まずは自分の意識の点（83ページ）に気持ちを向けながら願望を考え、それからさっと塗るといいでしょう。

❹キャンドルに火をつけ、紙の上にロウを垂らして、その上にキャンドルを立てます。

❺キャンドルと絆を結んでいるなら（１０６ページ）、そのときの感覚を思い出しましょう。そして静かに、「私の願いを叶えてください」と、火の元素《エレメント》に願います。

❻ しばらくの間、炎を見つめながら、願望が叶うイメージを描きましょう。短いキャンドルを使っている人は、キャンドルも下の紙も燃えつきるまで続けます。長いキャンドルを使っている人は、1週間くらい毎日同じ時間帯にこの魔法を行い、最終日に紙も一緒に燃やしてしまいます。

❼ 残った灰は地面に埋めるか、地域のルールに従ってゴミとして処分しましょう。

いい収入を得る、パワーストーンの魔法

残念なことに、今の日本では、労働に見あっただけの報酬が得られることのほうが少ないような気がします。このような状況は、本来ならば政治的、法律的に戦っていかねばなりませんが、それでしかるべき結果が出るまでには、気の遠くなるような時間がかかるもの。それまでに少しでも生活を楽にしましょう、という魔法です。

この魔法は、一種のアファメーション・テクニック（短い自己宣言を繰り返すことによって、現象を起こしていく技術）です。収入を増加させるには、前向きな視点を持ち続けることが不可欠ですが、それはなかなかむずかしいもの。その困難さを、パワーストーンが助けてくれるのです。

用意する物

お気に入りのパワーストーン。できるだけ透明で大きめの物がよく、アクセサリーに仕立てた物よりは、ポケットに入れておけるような原石がベスト。ラピス・ラズリやマラカイトのように不透明な石は、あまり向いていません。

魔法の手順

❶ この魔法は、新月から満月の間に行います。何度か繰り返すことになりますが、毎回、だいたい同じ時間帯に行うと、より効果的です。

❷ 用意したパワーストーンを流水できれいに洗います。できれば一晩ほど、少しずつ水を流しながら水に浸けておきしょう（アサリに砂を吐かせる要領）。これで石にこもっていた念などが流され、リセットできます。

❸ ファラオのポーズ（88ページ）で座り、そこから自然に視線が届くところに、浄化ずみのパワーストーンを置きます。

❹ 意識の点（83ページ）に精神集中しながらゆっくりと呼吸し、呼吸するたびに、

意識の点に光が集まってくるとイメージします。

❺イメージした光が、あなたにふさわしい収入をもたらすパワーだと考えましょう。焦らずに続けていると、やがてたくさんの光が意識の点からあふれるように感じます。

❻そこまできたら、パワーストーンに視線を移します。そして、「私にはもっといい収入を得る権利がある」といいながら、光が意識の点からあなたの視線を通って、パワーストーンに注ぎ込まれていくとイメージしましょう。

❼しばらく続けていると、自分の中の光が石に移った、と感じる瞬間がやってきます。そうなったら、魔法はいったん終了です。

❽職場などに行くときは石を持ち歩き、報酬に関する話題が出たり、そのような考えを抱いたときに、じかに石に触れて光を感じるようにしましょう。触れても光を感じなくなったと思ったら、❶～❼の手順を繰り返して、石に光を充てんします。

あなたからはやがて、もっといい収入にふさわしいオーラが出るようになり、周囲もそんなあなたを無視できなくなって……結果的に増収につながっていくのです。

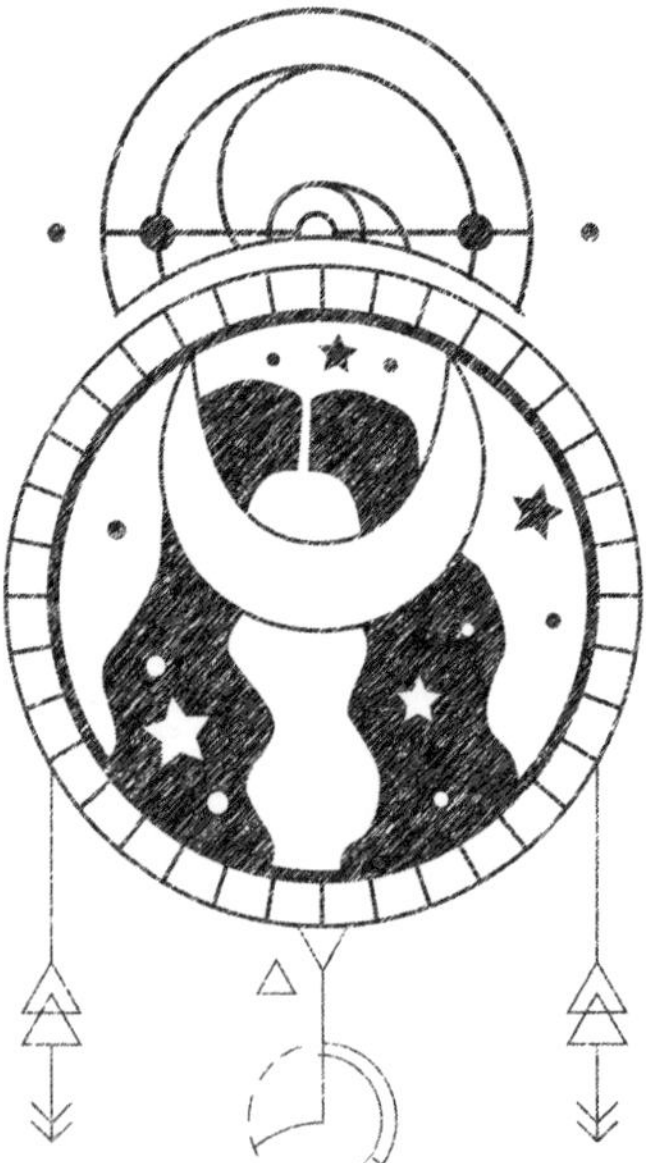

職業的に成功する！　水晶球の瞑想法

仕事でそれ相応の評価を得て成功をおさめることは、働く人共通の望みでしょう。ただ、何をもって成功というかは人それぞれ。NYのキャリア・ウーマンばりの生活を目指したい人もいるでしょうし、パートで楽しく働きながら、子供との時間を大切にしたいという人もいます。そのどれもが、その人にとっての成功です。

そして、たとえどんなにスゴイ魔法でも、一夜にしてあなたに成功をもたらすことはできません。やはり努力の積み重ねが必要なのですが、だからこそ効率よく努力して、最大の結果を得たいもの。そんなサポートをしてくれる瞑想法です。

この魔法は、水晶球でビジョンを見られること（96ページ）が前提になっていますが、まだ見られない人も、練習しながら挑戦してみましょう。ビジョンが見えなくても、リラックス効果が得られればよいと考えて、気長にトライしてください。

用意する物

直径5センチ以上の水晶球。人工水晶などでも代用できます。詳しくは96ページ参照。

魔法の手順

❶ファラオのポーズ（88ページ）で座り、無理のない角度で見られる場所に水晶球を置きます。

❷意識の点に精神集中しながらゆっくりと深呼吸し、水晶球を眺めます。

❸ビジョンが現れ始めたら、低い声ではっきりと、「私の成功を見せて」と、命じます。

❹やがて、あなたの成功図がそこに映し出されてきます。予測どおりか、ビックリ仰天かはわかりません。あなたがそのビジョンのメッセージを理解できればよいのです。理解できないときは中止して、またの機会にやってみましょう。

❺ビジョンをしばらく眺めたら、今度は目を閉じて、そのビジョンと成功のオー

ラが、自分の意識の点に吸収されていく、とイメージします。

❻十分に吸収できたと感じたら、その日の魔法は終わります。あなたにとっていちばん好ましい成功へと、自然に向かっていけるようになるでしょう。

この瞑想は、精神的な疲れも癒してくれるので、気が向いたときにいつ行ってもかまいません。ときどき水晶球を流水に浸けて、浄化してあげるのを忘れずに。

開運効果ばつぐん！　魔女の掃除術

魔法の世界には、「魔女が住む家は、その魔女自身を表している」という考えがあります。地味で面倒くさがりな私の家には、こまめにホコリを払わねばならない人形や、写真立てなどはありませんし、装飾らしいものもありません。反対に、華やかで仲間との交流が多かったディアドラの家には多くの彫像があり、部屋ごとにムードの異なったタペストリーがかかっていました。これはあくまでも表面的な例にしかすぎませんが、もっと目に見えない細かなところまで、家とあなたは複雑に影響し合っているのです。

このように話し出すと、そんなことはない、私の性質と今の住まいは、まったく似ていない……と主張する女性が、必ず出てきます。

こういう女性に共通するのは「まだ、その時期じゃないので」「とりあえず、まだいらないかと思って」と言い訳をして、自分が毎日暮らす場所を中途半端に扱っていること。

では、いつになったら「まだ」が終わって「そのとき」が来るのでしょう？　それはどうやら「結婚するとき」のようです。今の住まいは仮住まい、いつかは素敵な男性にめぐりあって結婚し、きちんとした家に住むのだから……というわけです。

けれど、結婚したらきちんとするから今はいいや、とばかりにジャンクな食生活を続けていたら病気になってしまうのと同じように、いい加減な住まいで暮らしていては、運勢が悪くなってしまいますよ？　今すぐ、快適な暮らしを目指して改善を始めましょう！

あなたが手を入れていくと、家はだんだんと「あなた」らしくなっていきます。自分らしい家は、サイズのぴったり合った靴のようなもの。そこで暮らすだけでも疲れが取れて、のびのびと行動できるようになり、運勢も向上していくのです。

さて、魔女的な掃除術のポイントは、次の3つです。

❶日常の掃除や洗濯は、ごく普通に行いましょう。掃除機ではなく箒《ほうき》とちりとりで、洗濯機ではなくタライと洗濯板で！　などと時代錯誤なことはいいません。

❷家庭内で問題が起きた場合は、それに関する場所をより入念に清掃します。できれば、仕上げに清めの香などを焚くか、ハーブのポプリなどを置きます。

❸自分自身に問題があるとき、あるいは状況を改善したいときは、家を自分に見立て、問題に該当する場所を徹底的に清掃し、浄化します。

……といわれても、すぐにピンと来る人は、おそらくいないでしょう。そこで、解決したい問題と家との一般的な関連性を以下にあげておきます。ただし、これはあくまでも目安にすぎません。大切なのは、あなた自身が「ここだ！」と思う感覚です。それを頼りに、開運のためのお掃除を進めてください。

▼イライラして仕方がないとき

分別用のゴミ袋を手に、家中を巡回して歩き、目についたゴミを片っ端から捨てましょう。このときに、ボタンが取れたままの服などを発見したら、「何とかする！」と書いた段ボール箱に放り込んでおき、できるだけ早く処置していきます。ゴミを捨ててから、ざっとでも掃除機をかけると、かなり気持ちが楽になります。

▼理由はわからないけれど物事がうまくいかないとき

こんなときは、文字どおり「わからないところ」、つまり普段は見えない押し入れの中やタンスの奥などを片づけてみましょう。

▼がんばっているのに認めてもらえないとき

これは、あなたの努力や実績が人から「見えていない」せいです。ですから、一軒家であれば門から玄関前までの雑草を抜いたり、茂りすぎている木を手入れしたりして、景観をすっきりさせましょう。玄関のドアやたたきも清潔にしてください。

アパートやマンション住まいなら、玄関前と窓を重点的に磨きましょう。一軒家の人も、時間と気力があれば窓までしっかり磨くとベター。また、窓の清掃は、友達との連絡がうまくいかないときにも有効です。

▼パートナーとの関係がよくないとき

ずばり、ベッドまわりを掃除しましょう。まだそんな関係ではないとしても、最終的にはそうなる（笑）はずですから、気にしなくていいのです。シーツなどを洗い、布団は干してふかふかに。ベッドにぬいぐるみがある？　よそへ移しましょう。本や日記なども所定の場所へ。いつ相手が飛び込んできても大丈夫！　という状況に整えるのがコツです。

▼何だかトラブルが起きやすい

排水溝をはじめ、あなたの髪や爪などが落ちているところや詰まっているところは超要注意。髪や爪には、あなたのオーラがまだ残っています。ですから、排水口が髪の毛で詰まっていたら、あなたのオーラは間接的に汚水にさらされ続けていることになり、体調が悪くなったり、運勢が落ちたりと、よくないことが続きがち。定期的に掃除しましょう。

▼意外な盲点は空き箱！

何かのときのためにと、空き箱をとっておく女性は多いと思います。でも、空っぽの箱には、いろいろなものが入り込みやすいのです。物理的にもゴキブリの巣になったりしますが、精神的には、消え去ってほしい嫌な思い出、消えては困るやる気などが空き箱に入り込み、よどんだ空間をつくり出してしまうことに……。

なので、空き箱はできるだけ資源ゴミとして処分しましょう。どうしても残したいものは、中に空間ができないように、たたんで保存しておくといいでしょう。

昨今の開運お掃除ブームの影響で、「捨てる掃除」が大流行している様子。
たしかに、必要最小限の物だけで生活すれば、家の中はすっきりします。

でも、だからといって、まだ使える物を単に捨ててしまうのは、魔女のおばさんとしては納得《なっとく》がいきません。私たちのまわりの物はすべて、地球という唯一の資源を消費してつくられています。そして、今その地球は病み、死にかけているのではないでしょうか。

これ以上、母なる大地を貪《むさぼ》らずにすむように、今ある物は有効にいかしきってほしいのです。あなたが使えない物は、バザー、ネットフリマ、中古品取扱店などに出して、新たな使用者を捜してあげましょう。あるいは、よれよれのTシャツなどを小さく切って使い捨て雑巾《ぞうきん》をつくるのもいいでしょう。どうしても使い道がなくなった物、役目を果たし終えた物はリサイクルに出して、生まれ変われるようにしてあげましょう。

対人トラブルを避ける、**透明人間のお守り袋**

魔女としての生活を始めると、対人関係に悩むことは少なくなります。すべてがハッピーでバラ色というわけではないのですが、どうでもいい友達は去り、本当の絆を感じられる人だけが周囲に残るので、結果的にトラブルが減るのです。

さらに、なぜか魔女には人を圧倒するような雰囲気が加わることが多く、見ず知らずの人から失礼な態度を取られる可能性も少なくなります。

とはいっても、相手が子供じみていたり、集団だったりすると、勢いでいじめのような行動を取られる可能性は常に残っています。この手のトラブルは、正面から立ち向かうより、すらりとかわしてしまうほうが効率がよく、精神的にも負担がありません。何となく嫌なムードの人たちがいるな、という職場や学校に行くときにおすすめです。

用意する物

❶ 綿か絹の小さな袋（巾着型で、神社のお守り程度の大きさ。好きな色の布で、自作しましょう。制服を着るような場所で使うなら、それに似た色でつくると便利です）

❷ 化粧用のコットン

❸ 精油

❹ チャック付きの食品用保存袋

魔法の手順

❶ まず精油を選びますが、できれば精油のサンプルを試せる店へ行き、あまり自分が好きになれないタイプの香りを試しながら、自分の手から出るオーラを観察します（91ページ）。いくつか試すと、あなたのオーラがぎゅっと縮んで、ほとんど見えなくなってしまう精油が見つかるはずです。その精油を手に入れましょう。オーラが見えない人は、香りをかいだときに、何となく自分が締め

つけられるように感じるものを選びます。

❷ 選んだ精油をコットンに垂らしてお守り袋に入れ、問題の現場まで持っていきます。このとき必ず、行き帰りはチャック付きの食品用保存袋で封印して、香りが漏れないようにします。

❸ 問題の場所に着いたら、お守り袋を洋服のポケットに忍ばせたり、スカートの裾《すそ》などに安全ピンでとめたりして身につけましょう。

あなたに合わない精油の香りのおかげで、オーラは極限まで小さくなります。つまり、あなたの存在感がなくなってしまい、そこにいるということが意識されない「透明人間」のようになるのです。これをしばらく繰り返していれば、嫌な人たちやいじめっ子グループはあなたに意識を向けなくなり、平和が訪れるはずです。

この魔法は、気の進まない役割を決めるための会合などにも使えます。存在感がなくなるので、指名されずにすむというわけ。でも、そんなふうに逃げてばかりいると、いつかはツケが回ってきます。あくまでも緊急処置として使ってください。

お守り袋を連続的に使うときは、毎日精油をひとふりくらい追加しましょう。
ただし、この魔法は、あなたのオーラを縮めてしまいますので、道でいろいろな人にぶつかられたり、車があなたに気づかないで突進したりして危険、という副作用があります。なので、本当に必要な場所だけで使い、道を歩くときはしっかりと密封するのを忘れずに。

第6章

本格的な魔女の修行をしたい人のために

ここまで読んで、「魔女なんて、つまらない」と思った人が、少なからずいることでしょう。私も最初に魔術の本を読んだときは、2~3日ふて寝するくらいガッカリしました。でも、昔の私のように、数日たってから「予想とは違ったけれど、これはこれで面白いかも」と、皆さんのうちの何割かが感じ始めてくれれば、とても嬉しく思います。そして、なかには――ほんの数人かもしれませんけれど――「大変そうだけれど、私は魔女になりたい」と考える人が出てくるかもしれません。

「私は魔女になる」「今日から魔女だ」と宣言すれば魔女になれる。そう、説明しました。そして、自分で自分を魔女にするためのセルフ・イニシエーションという儀式がある、ということも。この章では、その儀式の説明をします。

かかわってはいけない団体の見わけ方

その前に、悲しいことですが、「魔女になりたい」と願う若い女性を狙う破廉恥《はれんち》な輩《やから》が多いことを警告せねばなりません。

特に昨今はインターネットのおかげで、すぐに仲間が見つけられる反面、獲物を狙う犯罪者まがいの人たちや、半端な魔女ごっこグループともつながりやすくなっています。コンタクトした先がつまらなかったくらいならば無害ですが、以下のような返事や要求をするところとは、絶対に接触してはいけません！　また、そのようなところに間違って同席してしまったら、携帯電話で110番しながらでも、一目散に逃げ出してください。

❶入会金、会費、儀式への参加費用などとして高額な金銭を要求する団体

数千円の年会費や、儀式会場を借りる際の頭割り費用、あるいは儀式後の会食の費用といった実費レベルの金銭はかまいませんが、それ以上の、明細が不明な金額を要求する団体は要注意。全財産の寄付を要求するなどは、論外です。

❷あなたの個人的生活を制限しようとする指導者がいる団体

健康的な生活をしなさいといった常識的なこと以外の指導、あるいは干渉をする指導者は要注意です。この修行が終わるまでは恋愛をするなとか、指導者の許可がなければ結婚はできないなど、恋愛関係に関する束縛は特に要注意。一見、理にかなっているようでも、これはマインドコントロールの常套《じょうとう》手段なのです。

❸非合法な行動を支持する団体

儀式にマリファナなどの非合法植物や薬物を使用する団体は、それがどんな哲学に支えられていようとも、かかわるべき相手ではありません。

❹性的関係を強要する団体

団体へ加入するには、リーダーあるいはメンバーとセックスをしなければならない、といった要求をされたら、すぐに逃げましょう。彼らが「これが魔女の儀式だ」とか「パワフルなセックス・マジックだ」などと説明しても、耳を貸してはいけません。

❺魔法で脅迫してくる団体

ここまで秘密を知ったからには加入しなければ呪い殺すとか、魔法で拘束しているからだれも脱退できないのだ、といった脅迫をしてくる団体は、正気かどうかを疑ったほうがいいでしょう。こんなところから脱退したからといって、何の実害もありません。

安心できそうな団体の見わけ方

反対に、安心できそうなグループの特徴は、以下のとおりです。

❶拍子抜けするくらい普通の人たちの団体

会って話してみたら服装も普通だし、挨拶も礼儀正しいし、そのへんにいるような普通の人たちだったので、ちょっとガッカリした……たいていの正統派魔術団体は、そのようなメンバーで構成されています。

❷何の命令も指示もしない団体

「この本が役に立つかもしれませんよ」とか「次のミーティングに参加してみれば?」

といったマイルドな提案やお誘い以上のものがない団体は、基本的に安心できます。

❸あなたに対して微妙に冷たいように思える団体

あなたがいろいろな悩みを話したら、真剣に聞いてくれ、簡単なアドバイスをしてくれるかもしれませんが、「私たちの団体に入れば大丈夫だよ！」などとはいわないのが当たり前です。逆に、「必ず悩みは解消できる」といわれたら、すかさず逃げましょう。

❹リーダー格の人物に、配偶者かステディなパートナーがいる団体

決まったパートナーと長期的な関係を築けるような人物がリーダーであれば、精神的にも成熟しているため、メンバーに無茶な要求をしてくる可能性は非常に低くなります。

❺儀式を強要しない団体

きちんとした団体ならば、会ったばかりの人に儀式を強要したりしません。正当な理由もなく、会ってすぐに参入儀式を！　などと急《せ》かすところは要注意です。

これくらいが、私が皆さんに提供できる情報の限界です。後はあなたの「何となくやばい！」といった本能の声に従ってください。それに、ひとりで勉強を続けても魔女にはなれます。そのためにも、ひとりでできるセルフ・イニシエーションがあるのです。

でも、魔法の世界に興味があるからといって、この儀式に突進する必要はありません。あなたが宇宙に対して行う魔女としての誓いは、あなたという人間の本質に、はっきりとした痕跡《こんせき》を残します。つまり霊的には「この人は魔女として誓った」という事実を消すことはできないのです。だから、軽々しく決めてはいけません。

魔女グループによっては、「1日も早くイニシエーションを実行すれば、魔女の実感が出ますよ！」とか「やる気があるなら早くしなさい！」などと主張する人たちもいるようですが、だれがなんといおうと、決めるのはあなた自身です。

何度でも繰り返します。自分で納得《なっとく》がいくまでは、イニシエーションを実行する必要はありません。イニシエーションを実行しなくても、魔女としての学習を始めるのは一向にかまわないのです。焦ることはありません。

セルフ・イニシエーションの手順

じっくり考えて、やっぱりセルフ・イニシエーションを実行すると決心したら、以下の順序で準備を進めてください。少し込み入っているので、早めに始めてコツコツと準備を整えましょう。

この儀式は、英国魔法界の重鎮、ドリーン・ヴァリアンテ女史が『影の書』で明かした伝統的なセルフ・イニシエーションを参考にしながら、日本の住宅で行いやすいように、かつ私自身の魔女哲学——シンプル・イズ・ベスト！——に従って作成したものです。あなたが何か加えたいものがあれば、自由にアレンジしてかまいません。

❶ まず、あなたが誓いを立てる女神を決めます。魔女は、「現実的」「受容的」「産

み育てる力」といった女性的なパワーを力の源にしていますので、こうしたパワーを表す女神に誓いを行うのです。あなたがこれから歩んでいく道にふさわしそうな女神の名前を選びましょう。こういうと、かえって迷うかもしれませんが、大丈夫！　有名な魔術師ディオン・フォーチュンが定義したように「すべての女神はひとつの女神、すべての神はひとつの神」です。どんな名前で呼ぼうと、女神的なパワーの根源はひとつなので、ご心配なく。どうしても適切な女神がわからなければ、「母なる大地」「ガイア」「大地母神」といった名称を使ってもいいでしょう。

❷あなたの魔女名を考えましょう。自分の魔女としての性質や道を示しやすい名前を選びます。ラテン語や英語でつけるのが一般的ですが、こだわらなくてもかまいません。なお、魔女名や魔術名というのは一生、変えられないものではないので、あまり悩まなくても大丈夫です。もしも不安であれば、今の自分の名前を使うのが自然です。

❸ 儀式に使う道具をそろえます。新品でなくてもかまいませんが、儀式当日までに清めておきましょう。そして、これ以降は、日常的な用途には使用しないことです。

用意する物

❶ インセンスバーナーとインセンス（サンダルウッド、ミルラ、フランキンセンスの3つのうちのどれか、あるいは3つ全部）
❷ パンと塩、それらをのせる皿
❸ ワイン（アルコールがダメならば、１００％のジュース）と、それを入れるグラス
❹ キャンドル（白）と、キャンドル立て
❺ 必要ならば、キャンドル・スナッファー（炎を消す専用の道具）

❻ マッチ

❼ 聖油（オリーブオイルで可。望むのであれば、サンダルウッド、ミルラ、フランキンセンスのどれかを使って香りをつけてもよい）

❽ ナイフ（法律に触れない程度に刃があって、実用に耐えるもの。両刃で柄が黒い物を見つけること。これは魔女のシンボルでもある「アサメイ」というナイフになります）

❾ 祭壇（❶～❽の物が全部のるような祭壇を用意しますが、専用の家具を用意する必要はありません。机を整理して、その上に清潔なテーブルクロスを敷いたり、床の上に、板ときれいな厚手の布を敷くなどして場所をつくってもかまいません）

❿ 方位磁石

事前の準備と注意など

❶ セルフ・イニシエーションは、自分の誕生日の夜か、満月の夜に実行します。都合がつかない場合は、新月から満月までのどこかの夜でも大丈夫です。少なくとも2時間ほどは、ひとり静かになれるような環境を確保しましょう。

❷ ペットを飼っている人は、彼らの安全のために、この夜だけはだれかに預かってもらうべきです。というのは、儀式中の部屋からパニックになって飛び出してしまう犬や猫がとても多いからです。

❸ 前日あたりから断食するか菜食に徹しておくと、儀式が進めやすいでしょう。

儀式当日の準備（魔法円をつくる）

❶ 部屋を掃除し、部屋の中心からやや北側に祭壇を設置します。このとき祭壇は、方位磁石を使って、できるだけ真北に向くようにします。祭壇の上に準備した

ものをのせ、いちばん手前（南側）にナイフを置きます。

❷ 部屋を適度な暖かさに調整し、全裸になります。これはあなたが魔女として新たにこの世に生まれるという象徴です。

❸ キャンドルとインセンスに点火し、照明を落とします。

❹ しばらく深呼吸して、気持ちを落ち着けてからナイフを手に取り、

「地よ、その揺るぎない力を」

と唱えながら、ナイフで軽く塩に触れます。

「風よ、その素早く広大な力を」

と唱えながら、ナイフをインセンスの煙にくぐらせます。

「火よ、その光り輝く力を」

と唱えながら、ナイフをキャンドルの炎にかざします。

「水よ、その深く静かな力を」

と唱えながら、ナイフの先をワインの入ったグラスに入れます。

そして、ナイフを上向きに立てて握りながら、

「4つの元素《エレメント》の力を得、このナイフは、これより我がアサメイとならん」

と唱え、アサメイを使って北側から右回りに、できるだけ大きく床に円を描きます。ナイフの切っ先が少しだけ床に触れるようにしましょう。これがあなたの魔法円になります。円の美しさにこだわるより、とぎれないよう一気に描くことが大切です。これから儀式が終わるまで、あなたはこの円から出ることはできません。

セルフ・イニシエーション

❶祭壇の前に座ります。椅子でも、床に座ってもかまいません。リラックスして

座り、しばし意識の点（83ページ）に集中し、光を感じましょう。

❷ 光が感じられたら、深呼吸をしながら、その光を下と上へ延ばしていきます。魔法円の中ではとても簡単にこのイメージができるはずです。下へ延びた光は地球の中心に達し、上に延びた光は宇宙の中心まで達する、とイメージします。光が延びると、それを伝って、自分の中に地球や宇宙のパワーが流れ込んできます。

❸ その光があなたからあふれ出し、魔法円中に満ちてくるのが感じられたら、聖油の瓶を手に取り、人差し指に少し聖油をつけ、眉間に×印を描きながら、

「精神を解き放ち」

と唱えます。次に、心臓のあたりに聖油で×印を描き、

「心を解き放ち」

と唱えます。そして性器の上あたりに聖油で×印を描き、

「身体を解き放ちます」

と唱え、聖油の瓶を祭壇に戻します。

これで過去のあなたは消え去り、まっさらな状態になります。

❹ 祭壇の前にリラックスして座り、再度、意識の点に集中します。今度は集中しにくいはずです。自分という存在が、今まで考えていたものよりはるかにスケールが大きくて、しかも地球のすべてや宇宙のすべてとつながっていて切り離せないのだ、という感覚が生まれてきます。その感覚をじっくりと味わいながら、意識の点に、先ほどあなたからあふれ出した魔法円中のパワーがだんだんと集まってくるのを待ちましょう。

❺ 今までとは比べものにならないくらい大きくて力強い意識の点ができあがったら、立ち上がり、そのパワーをすべて込めて、できるだけ大きな声で誓言を行います。

「私はこの万物に唯一の存在にして、またその万物と一体となるものなり。女神○○（あなたが誓う女神の名を呼びます）よ、聞き届けたまえ、私は魔女○○（あなたの魔女名をいいます）として、今宵あなたの道を新たに歩み出す者なり！」

❻この後、両手を高々と上げ、足を肩幅くらいに開いて、魔法円中のパワーが自分に入り込んでくるのを感じます。

❼パワーの流入が終わったと感じたら、パンに塩をつけて食べ、ワインを飲み干します。これは魔女の世界に仲間入りをする聖餐《せいさん》ですので、じっくりと味わいましょう。そして、すべてをほんの少しずつ、残しておきます。

❽気持ちが落ち着いたら、アサメイを使って、北からさっきとは逆回りに回って魔法円を解き、服を着ます。そして、先ほど残したパン、塩、ワインを持って外に出て、地面に捧げ物としてこぼし、聖餐が完了します。公園の片隅でも、街路樹の根元でもいいので、これは必ず行ってください。

❾ 部屋に戻り、祭壇と用具を片づけます。アサメイは柔らかい布で拭き、安全なところに保管します。

これであなたは、魔女として宇宙に誓言したことになります。いろいろな出来事がこれからのあなたを待っているでしょう。最初は何も起きなくてガッカリするかもしれませんし、嫌なことも体験するかもしれません。

でも、もうあなたは孤独な女性ではありません。万物とのつながりを得た「魔女」なのです。幸せなときも、迷ったときや苦しいときも、このつながりを思い出し、一歩一歩、進んでいきましょう。まだまだ道のりは長いかもしれませんが、その先を目指して進み続けることに意義があるのです。くじけそうなときは、この続きの章を参考にしてくださいね。

第7章

ひとりの魔女《ソロ・ウィッチ》として生きていくには

魔女の多くがソロで活動している

がんばって参入儀式を済ませたし、時間を見つけて魔女の生き方の勉強もしている。でも、いつまでたっても自分ひとり……。ネット上で魔女に興味がある人と知り合ったけれど、言葉を交わす程度で、それ以上の仲にはなれない……。

これって、私は魔女の世界に縁がないということ⁉

そんな悩みを抱えているあなた、安心してください。現代では世界中の魔女の多くが、ソロの魔女として活動しています。数人が集まってカヴン（271ページ参照）としての活動ができるケースはごくまれで、たいていはひとりで活動し、たまに知り合った魔女仲間と集まって小さな儀式をしたり、お茶を飲んだり、というのが普通でしょう。

その昔、私に魔女の参入儀式を与えてくれたディアドラたちも、普段はひとりで活動し、たまに集まるというスタイルでした。彼女たちは「ときどき会って友情を温めるのはいいけれど、いつもべったりと一緒にいるのは人間的な弱さの表れよ」という考えなのです。基本的に、魔女はひとりで活動しているもの、と覚悟したほうがよさそうです。

でも、ひとりだけだと「いったい何をしたらいいの!?」という迷いを抱える人が、少なからず出てくることでしょう。この本の第2章にもいろいろなトレーニングをあげましたが、物足りなかったり、ピンと来ない場合もあるでしょう。さらに、何かを学ぼうとすれば、まるで「太平洋の水を飲み干せ」といわんばかりの膨大な資料が目の前に積み上がってしまい、途方に暮れるかもしれません。

そんなあなたに、少しでも参考にしてもらえればという気持ちで、第2章以外に、毎日できる魔女生活のトレーニング・リストを作成してみました。これを絶対に全部こなさなければならない、というわけではありませんし、こなしたら素晴らしい魔女になれる！という保証もありません。ただ、ひとつのサンプルとして考えてもらえれば、と思います。

毎日行うとよい　3つのトレーニング

❶ 1日1回は外に出るか、せめて窓を開けましょう。

私たちは皆、母なる大地の一部です。でも、現代生活ではそれを実感できるチャンスが少なすぎます。ですから、できれば土の上に立ち、樹木に触れた状態で、1日に1回は外の空気を深呼吸してください。地面がコンクリートで、周囲に植物が見当たらなくても、深呼吸だけはしてみましょう。

それでどうなるの？　と不審に思うかもしれませんが、まずは実行を。体の中の空気が一巡して「今日の空気」で満たされたとき、まわりの世界と同調するのがわかるはずです。

❷天気予報を忘れましょう

先ほどの「世界と同調する深呼吸」を習慣にすると、だんだんと自分の生活圏の天候が、理屈ではなく実感で予測できるようになります。それだけではなく、自分の中にも地球のフォースが流れていることに気づくようになり、結果的に、さまざまな進歩にも恵まれます。

雲の流れや風の方向なども吟味して、旅行や出張で遠隔地に行くとき以外は、メディアから与えられる天気予報ではなく、「自分予報」のほうを信じられる程度になるまでがんばりましょう。

❸今日1日を振り返りましょう

ベッドに入って眠る前に、その瞬間から朝起床するまでの出来事を遡《さかのぼ》って思い出してみましょう。これは「逆向き瞑想」といって、儀式魔術師が基礎修行として行う瞑想法です。1日の流れを逆にたどっていくことで、自分の行動の反省や見直しがパッと終わるため、困った気分を翌日まで持ち越さずに済みます。また、やり忘れた仕事などにも気づけるので、翌日の行動が効率的になるという利点もあります。「嫌な体験を再現したくない！」と恐怖を感じる日があるかもしれませんが、一歩離れた視点で見られるので、痛みが薄れるのも早くなるのです。そしてもちろん、もっと本格的な長時間の瞑想への下地づくりにも最適な修行です。

最初のころは全部思い出せないうちに眠りに落ちてしまったり、時間を逆にたどるときにイライラしたりするかもしれませんが、すぐに慣れるはず。

この3つが毎日の最低限の修行です。特別な時間はかからないので、習慣にしてしまえば難なくこなせるでしょう。

勉強しておくとよい　6つの事柄

次に、これを勉強しておけばよいのではないかと思う分野を6つあげていきます。すべての分野を毎日こなすのは無理ですし、一生コツコツと続けていくものでもありますから、自分なりの優先順位やペースを決めて挑戦してください。

❶自分の手で「家事」をしましょう

「そんな余裕はありません！」という悲鳴が聞こえそうなトレーニングですね。もちろん、毎日すべてを自分の手で、というのは無理です。だからこそ、できるときにがんばるか、視点を変えるための効果的な修行として挑戦してください。日ごろは可愛いロボット掃除機に頼ってもかまいませんし、忙しくてコンビニご飯が続くこともあるでしょう。現代の生活ではそれもOKだと思います。

でも、箒《ほうき》で床を掃き、自分の手で雑巾《ぞうきん》がけをすれば、家の状態は細部までよくわかります。「あれ？　もしかしたらシロアリがいる？」といったサインにも早く気づくことができます。218ページでも説明したように、魔女の住む家は魔女自身を表すもの。その意味では、あなた自身のメンテナンスにもなるでしょう。特に、今の自分に問題を感じていて、解決の糸口がつかめない、という気分のときにおすすめの方法でもあります。

そして、買ってきた食事をテーブルに並べるのではなく、自分の手を使って包丁で野菜の皮を剥《む》き、肉や魚を加熱して調理すれば、自分というひとりの人間が、どれだけたくさんの他の命の上に生きているのかを実感できます。また、毎日何気なく食べている食事に、どれだけの手間がかかっているか、よく切れる包丁や水漏れしないお鍋などの製作にかかわる人々は、いったい何人いるのだろうか……といったことにまで考えが広がっていくでしょう。

そうすれば、食べ物を無駄にしたり、さまざまな器具を粗雑に扱ったりすることもできなくなります。また、多様な人々とのつながりにも気を配るようになれるのです。

❷英語を学びましょう

魔女術がさかんなのは、圧倒的に英語圏！　したがって、魔女や魔術に関するフレッシュな情報はどれも英語です。豊富な情報に触れるためにも、英語はある程度できるようになりましょう。ネットの翻訳機能を活用するから勉強しなくてもいい？　でも、外国の魔女仲間が遊びにきたときにも、それで会話をするのでは寂しいですよね。NHKラジオの基礎英語を聞き流す、好きな洋楽や洋画を翻訳なしで楽しむ、といったことを繰り返していれば、だんだんと英語に慣れてきますから、大丈夫。まずはやってみましょう。

❸神話を学びましょう

神話の知識は、何よりもまず、自分が帰依する神々を決めるには絶対に必要です！さらに、さまざまな魔術書を読むときの事前知識としても必須。エジプト、ギリシア、ローマ、北欧、ケルト、インド、ネイティヴ・アメリカンなど、興味の持てるものから着手してください。地域の図書館にもたくさんの関連図書があるはずです。

また、神話を学ぶときは、さまざまな神話体系をごちゃごちゃにしたり、適当に改変したりしないようにしましょう。たとえば、きちんと着物を着こなしている姿には、こちらも背筋がしゃんとしますが、着付けのルールや着物のＴＰＯを無視しただらしない様子を見ると、なんともいえず情けない気持ちになりますよね。神々に対してそんな失礼なふるまいをしないように、しっかりと学ぶことが大切です。

さらに昨今の流れとしては、他民族の信仰体系に対する「文化の盗用」というセンシティブな問題にも真剣に取り組む必要があります。これは、日本人ならば神道以外を信仰してはいけない、といった近視眼的なことではありません。そもそも、日本人である私たちが、欧米文化の産物である「魔女」になりたいということ自体、文化はもう混合してしまっているわけですし、昨今のグローバル化の流れはもうとまらないでしょう。

そんな状況下で「文化の盗用」が問題になるのは、他の文化圏で尊重されている事柄やその象徴を理解しないまま、ファッション的に使用したり、間違って使ったりしている場合です。どの神々にも、どの儀式にも、昔からそれを崇拝し、敬愛してきた人々の存在があり、連綿と続いてきた歴史があります。かっこいいから、ピンときたから、といった一瞬の理由で神々や崇拝儀式を選んだりせず、じっくりと全体を学び、自分のものにしていく姿勢を忘れないでください。

❹占いを学びましょう

別に占い師を目指す必要はありませんが、自分自身の転機などを診断できる程度まで、西洋占星術やタロットも学んでおきましょう。ただし、オラクルカードなど、歴史があまりないものは、長期的な魔術の学習には役立ちません。人気があるから、見た目がきれいだからといった目先の理由で占術を選ばないこと。

❺人体について学びましょう

人体がどんな構成になっているのか、どんな仕組みで動いているのか。そうしたことをしっかりと学んでください。それがわかっていれば、具合が悪くなったときに、精神的なストレスや不摂生な生活からきているのか、あるいは感染症などですぐに病院に行くべきなのか、という判断を楽に下せるからです。

そうした情報を学ぶとともに、内部、つまり自分自身の体調に耳を澄ませることも学んでください。どんなときに、どんな状況で体調が悪くなるのか、どんなときにうっかりミスをしてケガをしやすいか、といったデータをとっていきましょう。

自分の体を大切にしていくと、今度は体のほうから、大切な情報を教えてもらえるようになります。あなたが平気だと思っていた場所が、実は体には合っていない、といったこともわかるようになるでしょう。

緊急時の対応を知っておくことも重要です。AEDの使い方や人工呼吸の手順などについては、近隣の学校や町内会、あるいは地域の消防署などで定期的に講習会が開かれています。最近では災害時の情報などに合わせて、火傷やケガ、一般的な病気のファースト・エイドも含めて講習してくれるところが多いので、時間をつくって出席してください。また、病院にすぐ駆け込めないときのことを考えて、ハーブなどの用法もしっかりと学んでおきましょう。えっ？　パワーの送り方を学ばなくていいのかって？　そんなものより、正しい消毒法や包帯の巻き方を学んだほうが、よほど意味があります！

❻インターネットの賢い利用法を学びましょう

新しい情報が欲しい、魔女仲間を見つけたい……。何かにつけて、インターネットの検索に頼りたくなるのはよくわかります。しかし、当然ですが、ネットの世界に散らばる情報は玉石混交《ぎょくせきこんこう》です。ここまで、学んでほしい項目をいろいろとあげてきましたが、「インターネットの動画サイトなどを利用する」という選択肢がなかったことにお気づきでしょうか。理由は、あまりにも適当で半端な情報ばかりが溢れていて、百害あって一利なし、という状態だからです。はっきりいって、エンターテインメントならばともかく、魔女や魔女術について正しい知識を得ようとする場合、動画サイトはほぼ役に立ちません。

これは、動画サイトにかぎったことではありません。SNSを利用するときも、面白い情報や興味のある情報に出合った場合は、それを鵜呑《うの》みにせず、しっかりとした裏付けを探しましょう。そして、裏付けは必ず書籍で取ること。ウェブ上の情報は、裏付けになりません。また、「驚くべき新発見！」などとうたっている情報は、たいてい嘘っぱちか、使い物にならない内容です。忘れないでほしいのですが、魔術の歴史は、人類が意識を持った歴史とほぼ同じくらい長いのです。今さら、そんな目新しい情報が出てきたりはしません。

また、SNSなどで「魔女に興味がある」「私も魔女です」という人たちと知り合うこともあるでしょう。嬉しくて舞い上がってしまう前に、231ページから述べている「かかわってはいけない団体の見わけ方」を参照して、相手を厳しくチェックしてください。ウェブでは「性善説」を前提に動いてはいけません。

時代が生んだ「デジタル・カヴン」の功罪

前項のインターネット利用法に関連して、最近の大きな流れになっている「デジタル・カヴン」についてお話ししましょう。カヴンの詳細については、次章も参照してください。本来のカヴンは、月に一度以上、実際に会ってともに魔術作業をする魔女集団です。ですが、なかなか近くにそれだけ気の合う魔女友達が見つかることは少ないですし、ときには海を越えて海外の魔女と意気投合するというケースもあります。そうなると、日ごろはメールやSNSなどで連絡を取り合い、ときにはSkypeやZoomといったツールを使って儀式を行うデジタル・カヴンという活動方式が生まれてきました。新型コロナなどの感染症の蔓延《まんえん》も手伝って、このような活動をするカヴンは今後も増え続けていくでしょう。

デジタル・カヴン自体は、参加メンバー全員が納得しているのであれば、問題はありません。ただ、その延長線上で、お互いの連絡先や実行した儀式の画像までウェブ上で公開してしまうとなると、考えものだと思うのです。

なぜなら、魔女の儀式は自分たちがこの地球や自然と一体化し、その象徴である女神への感謝と崇拝を捧げるもの。決して、不特定多数に見せびらかすためのものではありません。ましてや、自分たちの儀式の成功度合いを、「いいね！」の数で測るなどは、もってのほかでしょう。海外の有名なカヴンでは、後続の魔女たちの参考になるようにと、大きなサバトでの儀式次第を一部公開している場合もあります。しかし、それは大御所だからこそ、後進たちの教育を兼ねて儀式を行う余裕がある、と解釈するべきケースです。一般のひよっこ魔女が真似することではありません。

それにしても、最近では何もかもSNSで公開したり、告知したりするのが当然、という風潮になっていますね。人によっては、身のまわりの出来事をSNSにアップして、だれかから「いいね！」やコメントをもらって初めて「実感した」「落ち着いた」などと公言して憚《はばか》らないというケースも見受けます。そのような生き方を選んだならば、それでかまいませんが、この本を読んでいるあなたは、魔女になりたいのですよね？　自分の生き方や行動に対して、いちいち第三者の賞賛や合意がほしいようでは、地道な学習を続けていくことはできないと思います。

私を魔女にしてくれたディアドラは、今はもう年をとって引退生活をしていますが、そんな彼女のもとにも「ネットで動画を公開して、ウィッチ・クイーンと呼ばれたい！」といった相談がきて困っているとのこと。学ぶよりも何よりも、「魔女」をしている自分を世間に公開することがいちばんの目的になりすぎてはいないでしょうか……。

また、カヴンのメンバー同士の連絡にも便利だからという理由で、ネット上で一斉配信をしている人たちもいます。これも、メンバーのプライバシーに配慮しているのか、首をひねってしまいます。ネット上で匿名にしても、ちょっとしたことで、すぐに実名が露見してしまいます。メンバーの子供が学校で「お前の母さん、魔女ごっこしてるんだってな！」などと、からかわれたりする危険も考えておくべきではないでしょうか。

ウェブでのやりとりや動画を使った交流は、ひと手間かけるだけで、当事者たち以外には見えないようにできるものです。そのひと手間を惜しむということは、メンバーの安全を考えていないか、ネット上で見せびらかしたいという欲求があるのかどちらかだ、と判断するしかないと感じています。どちらの場合も長期的な視点に欠けた行為であり、魔女（魔術）修行を続けていく人にはふさわしくないといえるでしょう。

また、魔術の世界に足を踏み入れたとたんに、今日は何々を学んだ、元素の意味はこれこれで……などと、事細かく投稿する人が多いようです。嬉しくてたまらないのはわかります。そして、以前の自分のように、情報を求めてさまよっている人たちの助けになりたい、と思っているのもわかります。でも、魔術や魔女に関する知識のなかに、1冊の本や数時間の講義で完全に理解できるものはありません。

つまり、学んだ情報を右から左へ発信してしまうと、結局は生煮えで、ときには誤解が混ざった情報をネットにばらまくことになります。こうなれば、その人自身の恥をさらすことになりますし、最悪の場合は、魔女を志す人たちに間違った情報を植え付けることになってしまいます。そんな無責任な行為をしたいならば、魔女になりたいなどと考えずに、手軽なガジェットを使って好きなことを配信するだけでよいのでは？

魔術修行は「知り、実行し、そして沈黙する」

こんなふうに書くと、今はそんな時代ではない、だれもが自由に発言できる時代なんだ、と反感を覚える方も多いでしょう。でも、繰り返します。あなたは魔女になりたいのですよね？　魔女術は英語で「Ｏｌｄ Ｗａｙｓ」と表現されるくらい、古風な生き方でもあるのです。そして魔術の勉強には「知り、実行し、そして沈黙する」という昔からの金科玉条があります。最近の若い魔女さんたちから「ヘイズ中村は、実際に自分がどんな儀式をしているか、といったことは何も話してくれない」と批判されることがありますが、私もまた、この言葉に従っているだけなのです。

ここで示される「沈黙」には、いくつかの側面があります。活動をしている中で知り得た同志の個人情報などを漏らさない、という社会常識としての「沈黙」。カヴンなどで仲間と学び、つくりだした知識を無闇に外部に漏らさない、という倫理としての「沈黙」。そして何よりも自分が学んだことを本当に理解しているか納得できるまでは半端な情報（ときにそれは嘘にもなるので）を外部に漏らさない、という求道《ぐどう》の徒としての「沈黙」です。

沈黙には、あなたと周囲の人々を守り、思想を熟成させ、精神的な自信をつける力があります。精神修行には多くの流派がありますが、沈黙を重視しない流派はありません。このことをよく考えて行動してくださることを願います。

もちろん、これを読んだあなたが「うるさい！　あんたは古すぎる！」と思うのであれば、それはそれでどうぞご自由に、としか申し上げられません。ただ、ネットで何かを発信しよう、公開しようと思う前に「私は何のために魔女を志したのか」をもう一度、考えていただければ、と願うだけです。

ソロの魔女として歩む道は、孤独で果てがないように思えるでしょう。実際、すべての流派の魔術修行は最終的に、孤独で一生続く求道へとたどり着きます。だれかとつながりたい、わいわいしたいという気持ちと、「宇宙の神秘に仕えたい」という気持ちのどちらが強いのか。その答えは、あなた自身にしか出せません。今すぐに答えを出せ、とはいいませんし、前述したトレーニングをこなしながらでもＯＫですから、じっくりと考えてください。

とはいえ、そんな孤独な魔女修行でも、ときには運命の女神の素敵な取り計らいで、信頼できる仲間とめぐりあう可能性もあります。そうなったらどうすればよいのかは、次の章で学んでください。

COLUMN

ソロ魔女として「ダレない」ために

何よりもこれがいちばん難しいかもしれません！　比較対象がほとんどありませんし、だるくなってトレーニングをサボっても、別にだれに怒られるわけでもありませんし。

そんなときに助けになるといわれているのが、毎日の自分の修行を記す「魔術日記」だとされています。たしかに、後から自分の進歩を図るにはとても有効なのですが、なんといっても、忙しい毎日に延々と日記を書き連ねるのも大変ですよね。

ということで、私はこうした魔女志願者さんたちには、よく市販されている「３年日記」のような短文かつ後々に振り返りやすい日記帳を使うようにおすすめしています。ツィッターレベルの短文で記録するだけなので簡単ですし、去年の今ごろの自分と今の自分を比べるのもカ・ン・タ・ン！です。

ときどき、同じ目的でSNSを使おうとする人がいますが、プライバシーなどを考慮して、ここは古風に紙とペンで行うほうが無難でしょう。

第8章

カヴンの結成と運営について

「カヴン」は魔女たちの作業グループ

ソロの魔女としてがんばっているうちに、同じように魔女として生きている人と知り合い、交流のチャンスを得ることもあるでしょう。そうなれば自然と「一緒に作業したい、学びたい！」という気持ちになるもの。そこまできたら、「カヴン」が結成できます。

カヴンとは、魔女たちの作業グループのこと。伝統的には、ハイ・プリステス（高等女司祭）とハイ・プリスト（高等司祭）のカップルと、複数の男女で構成されるグループで、最大人数は13人までとされています。満月前後には全員が決められた場所に集い、月神降臨（ドローイング・ダウン・ザ・ムーン）と呼ばれる月の女神の降臨儀式を行ったり、年に8回のサバトを祝ったりします。

こうした儀式などを通じて、ハイ・プリステスとハイ・プリストの下でさまざまな作業を学んだカップルが、新たなカヴンをつくって出ていくことを「ハイヴ・オフ（巣分け）」といい、ひとつのカヴンは13人以上になることはない、というのが理論上の定義です。13人以上になると、自然に仲間割れが生じたりする、という経験者からの声も上がっています。

とはいっても、これほどきちんとメンバーのそろっているカヴンは、世界中でも数えるほどしかないでしょう。魔女のスタイルは、個人によってかなりのばらつきがあるので、だれとでも一緒に作業ができるとはかぎりませんし、毎月同じ場所に集合できるような距離に13人が居住しているというのも条件としては難しいはず。ですから、これはあくまでも理想論としておきましょう。

実際には、魔女あるいは魔女を志す人が3人そろえばカヴンはつくれるとされています。この「3人」の根拠は、だれがいいだしたのかははっきりしませんが、確かに、ふたりだけでは友達的な感覚で終わってしまいがちですが、もうひとり加入すればピシッと一本筋が通るようになるのは理解できます。

ということで、なんとか魔女が3人そろったのでカヴンをつくろう！　と盛り上がった、と仮定してお話を進めていきます。

カヴンをつくる前に考えておきたいこと

カヴンをつくる前に明確にしておくべき事柄がいくつかあります。また、自分は魔女としてどのような活動をしていきたいのかについても、しっかりと考えねばなりません。まず、カヴンをつくって何をメインにしたいのかをはっきりと決めましょう。サバトを祝って季節の節目を実感するカヴンにするのか、一緒に魔術の勉強を続けていきたいのか、ハーブの活用法を研究したいのかなど。

次に、カヴンのメンバー全員が崇拝する神や女神、そして儀式に採用する神話体系を決定しましょう。同じように女神を崇拝しているといっても、ひとりが女神に対して「アフロディーテ」と呼びかけ、もうひとりが「イシュタル」と呼びかけているようでは、儀式は成り立ちません。

そして、将来このカヴンにどんな人を誘いたいのかも決めておきましょう。普段から仲がよいし、占いにも興味があるみたいだから、といったレベルの人も誘うのか、あるいは一生を魔女として生きる！　というハードボイルドな人にかぎるのか。

こうした事柄について意見が一致しないようであれば、カヴンではなく友達として交流を続けたほうが無難でしょう。細かすぎる、と思うかもしれませんね。でも、それだけカヴンの運営というのは難しく、せっかく知り合った魔女仲間との友情を壊してしまう危険が潜んでいるのだ、ということは何度念を押しても足りません。これは私自身の苦い経験からくる正直な言葉なのです。

裸体主義と儀式性交をどう考えるか

もっとセンシティブで重大な課題は「スカイクラッドと大儀礼」をどう扱うかでしょう。ソロ魔女の活動では、実行すること自体がほぼ無理なので、本書では、これまでこの2点については説明をしてきませんでした。ですが、伝統的な魔女術にのっとったカヴン活動をしようと考えるならば、このふたつを無視することはできません。

スカイクラッドとは、直訳すれば「空を着る」。つまり裸体主義のことです。伝統的な魔女術では、カヴンでの儀式及びマジカルな活動は全裸で行われてきました。これには、生まれたままの自然な姿になって虚飾を取り払う、肉体から放散されるフェロモンの力を弱めないなど、さまざまな理由があります。ひとことで説明すれば、現代魔女術が復興したころに流行していた「自然に帰れ」という思想を体現したものともいえます。

当時は、裸体に関するタブー感が今より強かったので、ショック療法的な効果によって、そのカヴンへの帰属意識を高めるためにも有効だったことでしょう。ですが、今日では、その効果はあまり期待できそうにありません。

現代では、すべての時間を裸体で過ごすカヴンばかりではなく、普段はゆったりとしたローブを着て大事な儀式のときだけ裸体になる、常にローブで作業する、思い思いの服装でよいなど、さまざまなスタイルが採用されています。

たしかに、屋外での儀式も裸体で行うという昔風のやり方では、寒すぎたり、虫刺されが心配だったりします。また、たとえ屋内であっても、キャンドルの炎で火傷をしやすいなど、スカイクラッドでの活動には利点がさほどありません。カヴン活動で、どのようにスカイクラッドを採用するかは、しっかりと意見を調整しておかねばならないでしょう。

もうひとつの「大儀礼」とは、単刀直入に説明すれば「儀式性交」です。もともと伝統的な魔女術は、男女の性的なエネルギーを利用します。そのハイライトがこの「大儀礼」でしょう。毎月、カヴンのメンバーが集まるエスバットという集会で、「月神降臨」という召喚儀式を行い、ハイ・プリステスに女神を降ろします。その後、女神が乗り移ったハイ・プリステスとハイ・プリストが儀式的に性交することで、女神の力をグラウンディングし、カヴンのメンバーと分かち合います。

とはいえ、この儀式性交は、だれとでもOK、といった性質の儀式ではありません。たいていの場合は夫婦、あるいは長年ステディーな関係を築いているカップルで行うものなので、B級映画に出てくるような低俗なセックス・マジックではありませんし、無理強いされるような性質のものでもありません。その点は安心してください。

もちろん、そうしたカップルが在籍しないカヴンや、実際の性交はちょっと……というカヴンも多く、その場合は「象徴的大儀礼」という儀式を採用してきました。魔術用具の聖杯とアサメイ（短剣）を女性器と男性器に見立て、ワインを満たした聖杯にアサメイを挿入するという儀式です。この後、聖杯に満たされたワインを回し飲みすることで、パワーを分かち合います。

スカイクラッド同様、大儀礼も必ず実行せねばならないということはありません。ただ、どちらも現代魔女術の大きな特徴となってきたものです。詳細を解説した書籍も出ていますから、きちんとリサーチしておきましょう。そして、あなたたちが新しくつくるカヴンでは、こうした伝統的な儀式や作法をどのように取り入れていくのか、あるいは行わないのであれば、その代わりになるものをどうするのか、といったことをメンバー同士で徹底的に話し合っておくべきなのです。

カヴン活動には大きな感動と結果がある

カヴンとは、自分の人生哲学や宗教観など、すべてを込めて活動するところであり、最もプライベートな場所でもあります。そのため、少しでも考え方に差異がある人たちと作業をすれば、お互いの心に大きな波乱とストレスを引き起こすことになります。もちろん、意見の違う人たちとの交流を通じて新たな知見を得たり、狭い世界に閉じこもらないで済んだりするといった利点はありますが、現実ではその境地まで達するのはかなり難しいのが実情です。

現代魔女のカヴン制度が始まったのは１９４０年代ごろですが、当初は時代的な風潮もあり、ハイ・プリステスとハイ・プリストの教えに従うといったムードが強いものでした。当時はまだ魔女に関する書籍もなく、先輩に逆らったら他に行く場所もなかったので、多少のストレスや揉め事があっても、なんとか継続していたのでしょう。

でも、今はそんな無駄な我慢をしなくても、さまざまな情報を得ることができますし、インターネットなどで他の魔女たちと交流することも可能です。逆にいえば、現代では、さまざまな不都合を飲み込んでまで、カヴン活動をする必要はないといえるのです。

とはいえ、カヴン活動には大きな利点もあります。この道を歩んでいるのは自分ひとりではないのだ、という大きな安心感。魔女に関連したこと以外も腹を割って話せる気楽さ。そして何よりも、複数人で実行するサバトなどの儀式には、ひとりではとうてい得ることのできない感動と大きな結果があります。

そんなプラス面とマイナス面の両方をよく考えてから、カヴン活動をするかどうか、決めましょう。もちろん、一度カヴンを始めたら一生続けなければならない、というものでもありません。メンバーの都合に合わせて活動形態を変えながら続けることもできますし、あるいは最初から活動する年数をかぎっておき、期限がきたら、また新たに取り決めをする、ということも可能です。最終的には、メンバー全員が少しずつ譲歩して、満足できる活動が続けられるのがベストなのです。

カウンを円滑に運営するためのポイント

カウンを健全かつ現実的に運営するには、以下の4つの事柄が大切です。

❶全員が集まりやすい集合場所を決めておきましょう

欧米では、ほとんどのカヴン活動がメンバーの自宅で行われています。しかし、日本の住宅事情では、これはほぼ無理でしょう。全員が無理なく集まれる場所で、インセンスやキャンドルが使えるレンタルスペースなどを確保しておきましょう。

❷お互いの家庭事情を把握しておきましょう

プライバシーを侵害するほどのディープな情報共有は不要ですが、連絡のつきやすい時間帯、行動しにくい時期、あるいは家族に受験生や病人がいるなど状況は、全員が認識しておくのがおすすめです。家族をはじめとする身近な人々の反感を買ってしまったら、カヴンどころではなくなりますから。

❸儀式会場には救急箱などを常備しましょう

メンバーに持病やアレルギーがあるかなどといった健康状態に関しては、お互いに情報を共有しておくべきでしょう。

たとえば、儀式中に不測の事態が発生して、救急車を呼ぶことになったとしたら？ ちょっと想像してください。「救急車をお願いします！ ワルプルギスのサバトを実行していたら、メンバーがアナフィラキシーを起こしまして……」などと説明するのでしょうか。そんなことになったら、せっかく確保したレンタルスペースをもう借りられないかもしれませんし、救急隊員の方だって、状況を理解するのに時間がかかるでしょう。下手をすれば、人身御供のカルトではないか、と警察から事情を聞かれたりする可能性も出てきます。

そんなことになる前に、メンバーがアレルギーを起こすような物質を避けるべきですし、ある程度のケガなどは自分たちで応急処置できるほうがよいはずです。メンバーが常用している薬なども把握して、具合が悪くなったら服用させてあげられるように準備しておくことをおすすめします。

❹当たり前ですが、時間厳守で！

せっかく冬至の日没に合わせて儀式をしようと何か月も準備を重ねてきたのに、だれかが遅れたせいでおじゃんになってしまった、などという事態は避けたいものです。

結成時におすすめ！「魔女の網を編む」儀式

前述したように、カヴンで何を学ぶか、どんな儀式をするかは、メンバー同士で話し合って決めていくもので、口出しをする権利はだれにもありません。でも、カヴンを始める皆さんにおすすめできる簡単な儀式がひとつあります。

それは「魔女の網を編む」というもの。互いへの信頼感と同志の絆を象徴的に編みあげる儀式です。

用意する物

各自、好きな毛糸玉や細い縄、紐などをひと玉ずつ持ち寄ります。何でもよいのですが、ある程度ハリのあるものが使いやすいです。また、魔術目的で使うものですから、新品を用意しましょう。

儀式の手順

❶全員で円をつくり、内側を向いて立ちます。自分が持ってきた糸玉に向かって「私の心の糸となれ」と唱え、軽く口づけします。そしてまず、自分のウェストまわりにぐるりと糸を回して、軽く結びましょう。

❷最初のひとりが、自分の糸玉を他のメンバーに投げて、受け取ったメンバーは自分の腰のまわりに糸玉を回してから他のメンバーに投げる、という作業を繰り返します。メンバーひとり分の糸玉が終わったら、次のメンバーが同じように投げる、ということを繰り返すと、メンバーの間で網が編みあがっていきます。

楽しい音楽をかけながらやってもよいでしょうし、次のようなチャントを唱えながらでも良いでしょう。

最初は左手で投げながら、次のように唱えます。

「同志が編む　信頼の絆
撚り糸よ　月の動きに添え
我らが手にするは　夜の網
我らの手で編みあげる織物よ」

メンバーの半分が糸玉を回し終えたら、今度は右手で投げながら次のように唱え、全員の糸が終わるまで繰り返します。

「同志が編む　信頼の絆
撚り糸よ　太陽の動きに添え
我らが手にするは　昼の網
我らの手で編みあげる織物よ」

最後の糸玉が終わったら、全員が、腰に巻きつけた糸を同時にゆっくりと外して（この作業がスムーズにできるよう、糸はあまりきつく巻きつけないで！）できあがった網を持ちあげてみましょう。その下に入ってみてもよいし、皆で旗のように振りまわしても楽しそう。ひとしきり遊んでから、メンバー全員の絆の証として大切に保管しておきましょう。

この儀式は、カヴン結成のときや、新しいメンバーが入ったときなどにぴったりです。また、編みあげた網には信頼の力が宿りますから、メンバーがなんらかの理由でひどく傷ついたり、苦しんでいたりするときにも編みあげて、その網で包んであげると効果的です。カヴンでは、他では一生、手に入らないような友情と、切磋琢磨《せっさたくま》し合うライバル意識が手に入るでしょう。そんな魔女仲間と手を取り合って生きていけたら……本当に素敵な毎日が待っているはずです！

おわりに

人生とは、極上の魔法なのです

この本でご紹介した魔法の中には、大昔から伝わっているものもあれば、現代の状況に合わせて新たにつくりあげられたレシピもあります。

「魔女の魔法」というと、とかく怪しげで秘密めいた印象を持たれがちですが、実際は、そのとき、その人、その状況に合ったものを、自然のさまざまな力を組み合わせてつくりあげていくものなのです。だから、同じ魔法はふたつとありません。

ここにあげた魔法は、あくまでも最初の一歩で、参考例です。あなたも勉強を重ねれば、自分に最も適した魔法を編み出せるようになっていくでしょう。

あなたの人生こそが最大の魔術です。私たちはみな、どうしてこの世に生まれてきたのか、自分はこの世で何をするべきなのかといった問いに対する答えを知りません。さまざまな宗教がさまざまな答えを用意してくれていますが、

「それって、ホント？　どうしてそういえるわけ？」

と改めて尋ねたら、だれもその証拠など出せはしません。つまり人生とは、自分で探求し続けるしかない、大いなる謎なのです。

魔術の基本中の基本は、「汝《なんじ》自身を知れ」。裏を返せば、自分という人間をきちんと把握できないからこそ、人は戸惑い、間違った行動をしてしまうのでしょう。

その意味では、本当の魔術とは自分自身を探求するための道であり、魔法とは本当の自分がわかるまでの応急処置にすぎません。応急処置でも効果があるからと、魔法ばかりに頼り、本来の目的――自分を知るための努力――を忘れてしまってはいけないのです。

平均寿命が延びたといっても、自分の意志で行動できる時間はせいぜい40

年か50年にすぎません。その大切な時間を愚痴《ぐち》ばかりで過ごすのか、苦労はしても自分の意志で一歩ずつ歩んでいくのか。それはあなただけの選択です。あなた自身が、意志を持って行動を起こすこと。それこそが魔術です。自分のすべての行動に意味を込め、責任を持って生きていく——それが「魔女」の生き方なのです。

この本をお読みくださったあなたが、かけがえのないあなただけの人生を、一歩一歩、自分の足もとを確かめながら歩んでいかれますことを、心よりお祈りしています。

2010年9月
ヘイズ中村

復刊に寄せて

本書のベースになっている『恋・お金・仕事・癒し　魔女がおしえる幸せ魔法』は、私の初めての書き下ろし単行本でした。今、改めてその本を見てみると、出版は2010年で、もう13年も前になっていることに自分でも驚きます。13年の間に、私は白髪が増えて老眼鏡をかけるようになり、ディアドラは引退生活を楽しむようになりました。でも、「魔女になりたい」という問い合わせや質問が減る気配はないようです。

13年が過ぎたとはいっても、魔法に関する基礎的なことは、何も変わりません。魔法はおそらく、人類が意識を持った時点から始まった思想ですから、ちょっとした流《は》行《や》り廃《すた》りはあるにしても、13年やそこらの時間では、根本的な変化などは起き得ないのです。

ただ、魔女になりたい人を取り巻く環境は大きく変わってきました。

最初の出版から約半年後（2011年3月11日）に起きた東日本大震災や、その後に激化した社会の分断なども決して無視はできませんが、魔女の世界に大きな変化をもたらしたのは、なんといってもインターネットの発達でしょう。

もちろん、13年前にもインターネットはありました。当時と最近との大きな違いは、多種多様なアプリやガジェットが発達して、個人が自分の意見をさまざまな形態で簡単に発信できるようになったことです。それ自体は素晴らしいことですし、この流れがとまってほしくないと願っています。

ですが、だれもがウェブを気軽に駆使できるようになった副作用として、あまりにも多くの魔女や魔術に関する半端で裏付けのない情報が、洪水のように溢れてしまうという状況がやってきました。また、自分たちのカヴンの宣伝なのか、センセーショナルな動画を多数公開するグループも出てきています。以前より多くの情報が得られるのはよいことでしょうが、その内容を精査するための基礎的な情報や知識は増える気配がありません。

だからこそ、本書を復刊する意味がある、と考えました。

困ったときや迷ったときに、本書を手に取っていただけることを願っています。

魔法の基本は、揺るぎない大地と同じで、変わることがありません。情報の洪水に押し流されそうなとき。何を信じればよいのかわからないとき。自分のやっていることが間違いだらけのように思えるとき。そんなときに、この本を開いてください。きっと本書を糸口にして、あなたが納得できるような魔女のあり方や、生き方についての答えが見つけられると思います。

皆さんと、いつかどこかでお目にかかれることを願って。

Merry meet,
merry part,
and
merry meet again!

２０２３年４月
ヘイズ中村

主要参考文献

A Witch Alone Green,Marian ／ The Aquarian Press

Magic for the Aquarian Age Green,Marian ／ The Aquarian Press

Witchcraft For Tomorrow Valiente,Doreen ／ Robert Hale Ltd

Witches' Way Farrar, Stewart&Janet ／ Robert Hale Ltd

Life and Times of a Modern Day Witch Farrar, Stewart&Janet ／ Headline Book Publishing

Discworld Novels Pratchett ,Terry ／ Corgi

The Magic in Food: Legends, Lore and Spellwork Cunningham,Scott ／ Llewellyn Publishing

The Magus Barrett,Francis ／ The Aquarian Press

The White Goddess: A Historical Grammar of Poetic Myth Graves,Robert ／ Noonday Press

The Modern Herbal Spellbook Riva,Anna ／ International Imports

The Complete Golden Dawn System of Magic Regardie,Israel ／ New Falcon Publishing

The Book of Secret of Albertus Magnus Oxford University Press

Women's rituals: a sourcebook Walker, Barbara G / Harper San Francisco

『ワイル博士のナチュラル・メディスン』アンドリュー・ワイル著／春秋社

『サバトの秘儀』ファーラー夫妻著／国書刊行会

『やさしい魔女』マリアン・グリーン著／国書刊行会

『魔女の社会史』浜松正夫著／未来社

『意識の活用技術　マインド・テクノロジー』(上・下)堤裕司著／知玄社

『薬草魔女のナチュラルライフ』ガブリエレ・ビッケレ著／東京堂出版

『魔女の薬草箱』西村佑子著／山と渓谷社

『植物＝芳香療法』ジャン・バルネ著／フレグランスジャーナル社

『占星学の見方』ルル・ラブア著／東栄堂

『７７７』アレイスター・クロウリー著／国書刊行会

『鉱物図鑑 パワーストーン百科全書３３１　先達が語る鉱物にまつわる叡智』八川シズエ著／ファーブル館

本書に登場する魔女「ディアドラ」と、彼女のパートナー「トニー」は仮名で、私がこれまでの魔術修行において指導を受けた多くの先輩魔女や魔術師たちを統合した人格として書き記してあります。先輩たちのプライバシーを守ると同時に、皆さんにとって読みやすい本にするために、このようなスタイルを取らせていただくことにしました。

同様に、この本に書かれた出来事はすべて、関係者のプライバシー保護のために、複数の出来事を合成したり、時系列を変えたりしてあります。

また、現代の魔女術には多数の流派があり、修行の形態もさまざまで、ひとりひとりが個性的です。ですから、本書で「魔女とは云々」というときは、あくまでも私の考えにしかすぎず、すべての魔女がそうであるなどと述べるつもりは、少しもありません。

自分が学び、経験して確かめたことだけを誠実にお話ししていくつもりですが、他の流派の魔女たち、そして同じ流派でも異なる視点を持つ魔女たちには、それぞれの考え方があることをご了承ください。

ヘイズ中村　（へいず・なかむら）

魔女・魔術師、西洋隠秘学研究家、著述家、そして占い師として活動中。中学生時代より西洋の神秘思想に惹かれ、成人後は欧米の魔術団体に参入し、学習と修行の道に入る。現在は、ファンや読者からの要望に応えるため、占いや魔術に関する執筆に並行して、日本全国を回りながら講演会やワークショップを展開している。

魔女《まじょ》がおしえる幸《しあわ》せ魔法《まほう》

発行日　2023年6月1日　　初版発行

著　者　　ヘイズ中村
発行者　　高木利幸
発行所　　株式会社説話社
〒169-8077 東京都新宿区西早稲田 1-1-6
https://www.setsuwa.co.jp

デザイン　染谷千秋
印刷・製本　中央精版印刷株式会社

ISBN 978-4-910924-10-6　　C 2011

丁本・乱丁本は、お取り替えいたします。
お問い合わせは弊社販売部へメールでお願いします。
E-mail：hanbaibu_s@setsuwa.co.jp

本書は『恋・お金・仕事・癒し　魔女が教える幸せ魔法』（学研プラス）を加筆・修正を加えて、再編集したものです。